実践につながる
教育原理

國崎大恩
藤川信夫 編著

北樹出版

巻 頭 言

　本書は大学の教員養成課程向けのテキストとして書かれたものです。将来学校教員として実践を行うことをめざして教育の諸側面を学んでいる大学生向けのテキストですから、本書のタイトルが示すように「実践につながる」ことはその必要条件とも言えるでしょう。しかし、どう実践に「つながる」のかについてあらためて考えてみると、「実践」と「教育原理」とのあいだには独特の緊張があるように思われます。

　第1に、「教育」という概念が指し示す実践の範囲のあいまいさに由来する緊張があげられます。本書が教員養成課程向けのテキストである以上、ここで「実践」と言えば、それは当然「学校での教育実践」のことを指していると考えられるでしょう。もちろんそれは間違いではないのですが、学校での教育実践は、家庭や地域社会などの学校外でいつでもすでに生じている教える－学ぶ実践と並ぶ特殊な実践にすぎず、しかも、学校での教育実践は、時にそうした教える－学ぶ実践を促し、時にそれらと対立・矛盾するという形で相互に密接に関わりあっています。したがって、「実践につながる」ということは、単に学校教育の「実践に役立つ」ということを意味するだけではありません。むしろ、「実践につながる」ということは、必ずしも明確な意図・意識に支えられることなく、いつでもすでに行われている広い意味での教える－学ぶ実践についての原理的考察を通じて、学校教育に狭く限定された教育実践の意義を解明したり、あるいはそれがはらむ問題を批判することをも意味します。

　第2に、教育に関する「理論や原則」を意味する「教育原理」と「実践」との緊張関係、つまり理論と実践のあいだの緊張関係があげられます。教育における理論と実践の関係については、19世紀前半に教育学が大学において一学問分野としての地位を確立して以降、絶えず議論されてきました。しかし今日、教育の理論はさまざまな隣接諸科学（哲学、心理学、社会学、生理学、生物学など）からの影響のもとで常に更新され続けていますし、他方では教育の実践も

グローバルな規模での政治や経済やテクノロジーの影響のもとで急速に変化しつつあります。よって、理論と実践の関係をこれまでにもまして頻繁に再調整する必要があるのです。

　とくに教育の実践における変化について言えば、2020年以降の新型コロナウイルスの世界的規模でのパンデミックは、学校での教育実践を根底で支えてきた自明性を奪い去るとともに、十分な議論余地もないまま一気に学校教育のIT化を推し進めることになったという点で、歴史的に見てもきわめて重要な出来事です。ほかの誰とも時間・空間を共有することなく一人きりで学習するということは、子どもたちの成長・発達にどのような影響をもたらすことになるのでしょうか。タブレット型端末の使用は、個々人の習熟度に合わせた個別学習プログラムと組み合わせることで（すでに教育産業の世界では進んでいた）、教育の機会均等の理念をその究極の姿で実現できるのでしょうか、あるいは、学習を根底で支えてきたなんらかの要素を失わせることになるのでしょうか。学校で長期にわたって教師や級友の表情（とくに口元）を見ることなく過ごすことは、児童生徒が自他の行為や感情とのつきあい方を学ぶことを困難にしてはいないでしょうか。これらの問いはパンデミックを背景にして考えることのできる新種の問いの一部にすぎませんが、これらに回答できる理論的ストックすら存在しないのです。前例がなく、したがってエビデンスもないのですからそれも当然です。こうした状況においては、理論と実践のあいだの関係の再調整というよりもむしろ、このたびのパンデミックが教育の実践に残した傷跡をていねいにたどりつつ理論をつくり出すことから始めるしかありません。

　こうした状況を考慮すれば、実践との「つながり」がたとえ本書の著者たちによって提示・示唆されることがあったとしても、その「つながり」の妥当性は、読者のみなさんによって常にあらたに問い直されるべきでしょう。実践との「つながり」は、著者たちと読者のみなさんとのあいだで、あるいは、このテキストを用いて大学で講義を行う教員とみなさんとのあいだで紡ぎ出されなくてはならないのです。本書は実践との「つながり」を処方箋として提供するものではありませんが、むしろ、読者のみなさんが本書をきっかけにして教育

についてみずから問いを立て答えを探索し始めること、それこそが、たとえ迂遠に見えようとも、実践との「つながり」をもっとも確実に保証するものなのです。

編者　藤川信夫

教育の理念並びに教育に関する歴史及び思想

（授業科目名例：「教育原理」「教育原論」「教育学概論」「教育基礎論」など）

全体目標：教育の基本的概念は何か、また、教育の理念にはどのようなものがあり、教育の歴史や思想において、それらがどのように現れてきたかについて学ぶとともに、これまでの教育及び学校の営みがどのように捉えられ、変遷してきたのかを理解する。

（1）教育の基本的概念

一般目標：教育の基本的概念を身に付けるとともに、教育を成り立たせる諸要因とそれら相互の関係を理解する。

到達目標：1）教育学の諸概念並びに教育の本質及び目標を理解している。

2）子供・教員・家庭・学校など教育を成り立たせる要素とそれらの相互関係を理解している。

（2）教育に関する歴史

一般目標：教育の歴史に関する基礎的知識を身に付け、それらと多様な教育の理念との関わりや過去から現代に至るまでの教育及び学校の変遷を理解する。

到達目標：1）家族と社会による教育の歴史を理解している。

2）近代教育制度の成立と展開を理解している。

3）現代社会における教育課題を歴史的な視点から理解している。

（3）教育に関する思想

一般目標：教育に関する様々な思想、それらと多様な教育の理念や実際の教育及び学校との関わりを理解している。

到達目標：1）家庭や子供に関わる教育の思想を理解している。

2）学校や学習に関わる教育の思想を理解している。

3）代表的な教育家の思想を理解している。

教職課程コアカリキュラム対応表

　本書は教育の基本的概念と教育に関する歴史及び教育に関する思想をそれぞれ切り離して論じることができるとは考えていません。本書におさめられた各章はすべての項目と関連していると考えてください。

　下記の表は教職課程コアカリキュラムとの対応を便宜的に示すため、とくに関連が強いと考えられる項目との対応を示したものです。教職課程の授業を計画する時にご活用ください。

本書	到達目標	(1) 教育の基本的概念		(2) 教育に関する歴史			(3) 教育に関する思想		
		1)	2)	1)	2)	3)	1)	2)	3)
「教える／学ぶ」を考える	第1章	○			○	○	○	○	
	第2章	○		○			○	○	○
	第3章	○	○		○	○	○	○	○
「学校」を考える	第4章	○	○		○			○	○
	第5章		○	○	○	○		○	
	第6章		○	○				○	
「教育の"今"」を考える	第7章	○					○	○	
	第8章	○		○		○	○		○
	第9章	○	○					○	○
「知」を考える	第10章	○	○	○		○		○	○
	第11章	○	○			○	○	○	

⬤ontents

第Ⅳ部　「知」を考える

実践につながる
教育原理

序 教育学的に考えるとは どういうことか？

「教育原理」について

哲学的に考える、社会学的に考える、数学的に考える、医学的に考えるといったように、学問領域はそれぞれに独自の思考様式をもつと考えられています。それでは教育学という学問領域がもつ思考様式とはどのようなものでしょうか。本章では教育学的に考えるとはどういうことかについて明らかにしながら教育原理を学ぶことの意義について考えるとともに、各章の内容を概観することで本書のテーマである「実践につながる教育原理」というものの具体的イメージを読者のみなさんと共有したいと思います。

それではまず、「教育について考える」との違いを明確にしながら、「教育学的に考える」とは具体的にどういうことかについて自分なりに考え、以下にその理由とともに書いてみてください。

【自分の考え】

【そのように考えた理由】

教育原理とは

　みなさんは教育原理で何を学ぶことができると思いますか。原理ということばから、教育の原則や基本的理論を学ぶことができると思う人も多いのではないでしょうか。たしかにそれは間違いではありません。教職課程という制度上では、教育原理が「教育の理念並びに教育に関する歴史及び思想」を学ぶものとして位置づけられ、教育の原則や基本的理論をその背景にある理念とともに歴史や思想という観点から体系的に学ぶよう求められています。

　しかし、私がみなさんに教育原理でもっとも学んでほしいと願っていることは別にあります。それは「教育学的に考える」ということです。そこで本節では、「教育学的に考える」とは具体的にどういうことかを明らかにするなかで、教育原理を学ぶことの意義について考えていきたいと思います。

　19世紀前半に近代教育学が成立して以降、教育学はさまざまに分化していきました。現在の教育学という学問領域は、教育哲学、教育史学、教育社会学、教育方法学、教育行政学、教育心理学など多様な分野から構成されています。それぞれの分野はおのおのの研究方法に基づいて教育に関する研究をしていますが、そこに共通しているのは「教育について考える」ということです。

　ところが、教育について考えていればそれだけで教育学になるのかというと、そういうわけでもありません。哲学や社会学・経済学など教育学以外の学問領域でも教育について考えることは十分に可能ですし、さらに言えば学者でなくても教育について考えることができます。ということは、「教育について考える」ことと「教育学的に考える」こととのあいだには隔たりがあり、その隔たりは教育学という学問領域がもつ「教育について考える」ことの独自の思考様式に関係しているということになります。

　それでは教育学とはどういう学問領域なのでしょうか。このことを考えるにあたって、フランスの思想家である **M. フーコー**（Foucault, M.）のつぎのような考えが参考になるでしょう。彼は文化にはいろいろな葛藤や矛盾が内在するが、それらはさまざまな言説を通して免罪され、正当化され、理想化されるこ

とで教育制度のなかに投影され、教育学に至ってはそのなかで文化の完全な理想が夢想されると述べています（フーコー 1970, 140頁）。すなわち、教育学は教育について語りながら同時にその教育が行われる文化の理想を描くものであるというのです。実際、教育学はその社会の理想を少なからず教育概念に込めてきたという歴史があります（田中 2009, 251頁）。

したがって、教育学が単に教育について考えるだけでなくそこで同時に社会の理想を見通す学問領域であるならば、「教育学的に考える」とは近代科学として「教育について考える」ことをしながら、それを出発点として理想としての「よりよき」ものを構想していくという創造的な思考過程ということになるでしょう。私がみなさんに教育原理でもっとも学んでほしいと願っていることはこの創造的な思考過程にほかなりません。そこで本書ではこの創造的な思考過程のことを「**教育学的思考**」と名づけ、読者のみなさんが教育の原則や基本的理論を学ぶなかでこの教育学的思考を育むことができるようにしています。

くり返しますが、教育原理が教育の原則や基本的理論をその背景にある理念とともに歴史や思想という観点から体系的に学ぶものであることに間違いはありません。しかし、教育の原則や基本的理論を知識として覚えるだけでは教育学としてそれらを学んだとは言えません。先に述べたように、教育学は社会の理想を見通しながら教育について考える学問領域なのです。ですから、ある社会や思想家が教育についてどのように考え、そこにどのような理想を描いたのかという教育学的思考の枠組みにおいて教育の原則や基本的理論を理解することで、はじめて教育学としてそれらを学んだと言えるのです。

それゆえに教育原理で学んだことがらから教育実践に活かすことのできる視点や方法を教育現場ですぐに役立つ知識としてそのまま取り出そうとしてもなかなかうまくいきません。しかし、だからこそ教育原理では、一度立ち止まって目の前の出来事を考え、教育をとらえ直し、すぐには役立たないがこれからの実践を考えていくための力、つまり教育について考え、よりよき実践を構想していくという創造的思考をじっくりと育むことができるのだと思います。他者の教育学的思考にふれながら自分の教育学的思考を育むこと、教育原理を学

ぶことの大きな意義はここにあるのではないでしょうか。

 ## 第2節　教育学的思考を育む 11 のレッスン

　本書では教育原理の内容を 4 つの視点と 11 のキーワードにより整理し、教育学的思考を鍛える 11 のレッスンとしてまとめました。以下では各章の内容を概観することで、本書のテーマである「実践につながる教育原理」というものの具体的イメージを読者のみなさんと共有してみたいと思います。

　第 1 ～ 3 章では「教える／学ぶ」を考えるという視点から、「教育」「遊ぶことと学ぶこと」「教育関係」というキーワードのもと、教育実践を構成する基本的要素としての教えることと学ぶことについて論じられています。具体的には、第 1 章で教えることの対としてとらえられる学びの姿がとらえ直され、続く第 2 章であらたにとらえ直された学びの姿が遊びという観点から具体的に明らかにされるとともに、第 3 章でそうした学びの姿が教える－学ぶという教育関係をどのように位置づけ直すのかが明らかにされます。

　つぎの第 4 ～ 6 章では「学校」を考えるという視点から、「公教育」「学校教育の存在意義」「シャドーエデュケーション」というキーワードのもと、教育実践が行われる場としての学校と家庭・地域について論じられています。具体的には、第 4 章で学校が保護者や国家と取り結ぶ複雑な関係性が明らかにされ、続く第 5 章ではそうした学校の意義が問い直されるとともに、第 6 章では学習塾という観点から学校の役割が問い直されます。

　その後の第 7 ～ 9 章では「教育の “今” 」を考えるという視点から、「マイノリティ」「障害と教育」「教育における暴力」というキーワードのもと、ジェンダーや LGBT、外国にルーツをもつ子ども、障害のある子ども、体罰や子どもの暴力といったことがらについて論じられています。具体的には、第 7 章で教育においてマイノリティの問題を考えるいくつかの視点が提示され、続く第 8 章ではその視点の 1 つを掘り下げることで現在の教育のあり方に疑問を投げかけるとともに、第 9 章ではその視点の構造が実は教育の本質として存在するも

のであることが明らかにされます。

　そして最後の第10〜11章では「知」を考えるという視点から、「知識」「エビデンス」というキーワードのもと、教育実践のなかを流通すると同時に教育実践そのものを支える知について論じられています。具体的には、第10章で知識・技術を伝達することが教育であるという考えがとらえ直され、第11章でエビデンスという観点から教育研究の成果が教師の実践を支える可能性についてあらためて問い直されます。

　以上のように、本書の各章は教育実践をめぐってそこに含まれる原則や基本的理論をただ解説するのではなく、現在の教育実践そのものを俯瞰的にとらえ直すことをめざして執筆されています。読者のみなさんは各章を読むなかで、教育についてじっくりと考え、よりよき教育実践をじっくりと自分なりに構想してみてください。そうすることで、教育原理で学ぶことがらが単なる知識としてではなく「実践につながる」知識として自分のものになるはずです。

第3節　実践に向けて——本書の読み方／使い方

　最後に本書の読み方／使い方について紹介したいと思います。本書は読者のみなさんが教育の原則や基本的理論を学ぶなかで教育学的思考を育むことができるよう、つぎの2つの工夫を設けました。

1．問いを中心としたキーワードごとの思考

　本書は読者のみなさんが考えることを重視しています。そこで各章の主タイトルをその内容に関わる中心的な問いとし、副タイトルにキーワードを示すことにしました。本文を読むなかで何が論点であったのかわからなくなった時は、タイトルを読めばすぐにわかるようになっています。

　また、各章の最初のページにはタイトルに書かれた問いを考えるための視点が導入文として示されています。本文を読む前にまずはページの下部にある書き込み欄に導入文を参考にしながら自分の考えを書いてみてください。そして

本文を読み終わったあとはぜひとも最初に書いた自分の考えを読み返してみてください。きっと自分が数時間前に考えていたこととは違う角度から同じ問いに答えることができるようになっているはずです。

　さらに、各章のおわりには演習問題が設けられています。巻末には回答例も掲載されていますので挑戦してみてください。

2．ワークショップによる視点ごとのふり返り

　本書は章ごとに考えるだけでなく、視点ごとに章のつながりを意識しながら考えることもできるようワークショップを設けています。ワークショップは「1．調べて、考えてみよう」「2．議論して、発表してみよう」「3．教育学的思考を育むための文献紹介」の3つから構成されています。

　「1．調べて、考えてみよう」には読者のみなさんが比較的容易に取り組める課題が書き込み式で示されています。資料はすべてインターネット上で入手可能なものとしています。「2．議論して、発表してみよう」には回答を1つにまとめることができない論争的な課題が示されています。各章を参考にしながら、多様な考えを受け止めつつ、教育学的思考を働かせて自分の考えを磨いてみましょう。「3．教育学的思考を育むための文献紹介」では内容理解を深め教育学的思考をさらに育むための比較的入手しやすい文献を紹介しています。

　本書は「教科書を学ぶ」のではなく「教科書で学ぶ」ことをめざしています。その理由は、逆説的ですが、教科書がなくても学べる教育学的思考を読者のみなさんに育んでもらいたいからです。教育学的思考を育むために、読者のみなさんには本書を読むだけでなく使っていただきたいと願っています。

（國崎　大恩）

【引 用 文 献】

フーコー，M.（1970）神谷美恵子訳『精神疾患と心理学』みすず書房.

田中智志（2009）「教育学——生きることによりそうために」，田中智志・今井康雄編『キーワード 現代の教育学』東京大学出版会.

主体的な学びは教える ことができるのか？

「教育」について

20世紀末から教育には主体的に学び・考える力をつけることが期待されるようになりました。未来が見通せない社会、正解のない未知の問題がつぎつぎと生じる社会では、主体的に思考し判断する力や学び続ける力が必要になるからです。そのため今日、「**アクティブラーニング**」や「**主体的・対話的で深い学び**」の導入が、幼児教育から大学教育まで求められています。

とはいうものの、主体的に学ぶ力はどうすれば身につくのでしょうか。能動的な活動や話しあいをさせることが大事であり、机に座って本を読んだり講義を聴いたりするだけでは身につかないのでしょうか。そもそも、自己の外側から課せられた教育によって、つまり教師の計画に従い、教師が工夫し配置した学習法によって身についたものを「主体的」と見なしてよいのでしょうか。

【自分の考え】

【そのように考えた理由】

第 1 節　学ぶこと・教えること

1. 人の学びの原点を探る

主体的な学びとはどのような学びでしょうか。そのモデルになりそうな人を見つけるのはなかなか難しいように思えるかもしれません。けれども、その格好のモデルはけっこう身近にいます。幼い子どもたちです。乳児にことばで教えようと思っても無理です。指で差しても最初は見てもくれません。でも乳児はみずから能動的に動き回り、とりたてて教えていないにもかかわらず、主体的・自発的に立ち上がり、歩き、そして勝手にことばを話せるようになっていくからです。いったいそこではどのようなことが起こっているのでしょうか。

乳幼児は模倣を通じてさまざまな身体技法や母語を獲得していきます。おとなや兄姉などをモデルと見なし、モデルに近づけるように試行錯誤することを通じて、歩けるようになり、ことばを話せるようになるのです。

そもそも乳幼児にはきわめて高度な模倣能力が備わっています。生まれたばかりの乳児も反射的な模倣は可能ですし（新生児模倣）、無意味・不合理と思われるものまで実に事細かに模倣する傾向（過剰模倣）が人にはあります。模倣による学びは**類人猿**も行いますので、その学びには数百万年にも及ぶ人類の進化の過程で培ってきた生物学的な基盤があると言えますが、過剰模倣を行うのは人だけです（サルは無駄を省きます）。このように繊細で精緻な模倣を通じて、人は複雑な文化を蓄積し継承してきました。人類史的視点から見た場合、観察し見倣いながらモデルを**模倣**し**習熟**していくことが、人の学びの原型だと言えるのです（辻本 1999；佐伯・渡部 2010）。

人は模倣による文化学習を他者との協働や共同体への参加を通じて行い、学習成果を集団で共有します。そこから得られた集団的知性こそが、ヒト属のなかで**ホモ・サピエンス**だけが生き残った理由であり、集団的知性に依拠した累積的な文化進化とそれがもたらす遺伝的進化の共進化こそが、人類が比類なき高度な文化を築くことができた理由だと言われています（ヘンリック 2019）。

もう少し一人ひとりの学びに寄り添ってみましょう。乳児が立ち、歩けるよ

うになる過程はまさに試練以外の何ものでもありません。最初はまったく思い通りになりません。立とうとしてはよろけ、床や机に頭をぶつけて泣き出します。どうしたら立てるのか、痛くて悔しくて泣き叫びながら幼児なりに考えます。身体のバランスをとり、周囲のモノに支えを求めます。でもうまくいきません。試行錯誤をくり返し、その過程から学んだことと身体の成長がうまくかみ合った時、人は立てるようになり、歩けるようになります。

　ことば（母語）を話す場合も基本的には同じです。ことばが交わされる場面で人々の様子をじっくりと観察した上で、音素の違いも単語と文節と文の区別もわからないまま、最初はやみくもに、しだいにことばの意味と用法について自分なりに見通し（仮説）を抱きながら、その活動に実際に参加してみずからそのことばを使ってみます。うまく通じなかったら、そのつど「なぜ？」と考え、発音や表現を訂正したり、ことばの意味を問い直したり、使う場や使い方を変えたりしながら再度チャレンジします。このような過程を幾度もくり返し、ことばの使用に習熟した結果として、文法が身につき、微妙な発音やイントネーションが使えるようになるだけでなく、複雑なニュアンスをもち、状況によって意味の異なることばでも自在に使えるようになるのです。

　近年の**認知科学**の成果（今井 2016）もふまえて言えば、幼い子どもたちのこのような学びに、人の学びの基本型を見出すことができます。どんなに稚拙・素朴であろうとも、自分なりに問い、自分の頭で考え、仮説やイメージを携えてチャレンジすることを通じて学ぶということです。学ぶとは〈試す→失敗する→問う→考える→試す〉というサイクルをくり返すなかで、生きて働く知識やスキルを習得し、さらにはそれらを改善（修正・拡張）しながら、物事を見る眼を養い、思考力や判断力、学ぶ姿勢などを身につけることなのです。

　したがって、話すだけでなく、書く・読む・聞くことも同様の過程を通じて学ばれます。スポーツや楽器演奏などの技の習得や、職人の仕事の学びも同様ですが（西岡 1993）、専門家の学びや学問・研究も、先のサイクルを地道にくり返すことにほかなりません。ノーベル賞級の発明・発見が失敗から生まれた例もいくつもあります。日本人の同賞受賞者にかぎっても、江崎玲於奈（1973

年・物理学賞）、白川英樹（2000年・化学賞）、田中耕一（2002年・化学賞）、下村脩（2008年・化学賞）、といった人々の場合がまさにそうです。

　プロや熟達者の場合、失敗しない時でも、みずからの**実践**を知的に省察することによって、自分自身の課題を見つけ出すことができます。自己の実践の善し悪しをみずから評価し、そこで見出した課題の克服をめざしてみずから問いを立て、多様な知識や情報を活用しながら思考することによって、上達や"進化"をめざすのです。ただしこの場合も、向き合う課題や学ぶ中身はまったく違いますが、学びの姿勢や精神は幼い子どもたちの場合と同じです。

　いずれにせよ、このような学びこそが主体的な学びと呼ぶにふさわしいし、創造的・独創的な成果もこの学びに依拠していると言えるのです。

2. 学ぶとはどういうことか

　学びの原型は模倣と習熟にありますが、それは形だけをマネしたり、機械的に反復したりすることではありません。学ぶことは〈試行→失敗→問い→思考→試行〉や〈実践→省察（自己評価・問い・思考・知識の往還運動）→実践〉という探究のサイクルのくり返しなのです。その時重要になるのは、失敗や課題をどのように受けとめ、そこからどのような問いを導き出し、その問いにどのように向き合うか、つまり何をどのように考えるかです。したがって、上記のサイクルをくり返すなかで、自己評価や問いや思考の力を質的に向上させていくことが学びになります。学びはいわば螺旋型を描くのです。

　とはいえ、きれいな弧を描いて学びが向上していくことはめったにありません。突如一気に大きく伸びることもあれば、停滞期間が長く続くこともあります。すべて間違いであったかのように後退・退行する場合も少なくありません。形だけのマネや機械的な反復でなければ、量をこなすことで学びに大きな質的転換が起こることもあります。いずれにせよ、必ずしも計画通りにいかないどころか、時に大きく想定を超えるのが、人の学びの特徴なのです。

　学びの目的はできることやわかることです。もう少し踏み込んで言えば、自分を取りまく世界と自分との関係に違和や離齬や居心地の悪さを感じた人が、

世界と調和的な関係を築くこと、これが学びのめざすことです。

　だとすれば、学ぶということは、未知の世界に出会って困難や課題に直面した時に、その世界との関係において自由になることだ、とも言えます。つまりその世界に不安やおそれを抱いたり、振り回されたり、翻弄されたりしなくなることです。未知であった世界は、それを形作っている人やことばや事物や出来事と**対話**（ことばや行動を通じて働きかけ−働きかけられること）をくり返しているうちに、やがて身近で親密なものになります。こうしてそこが自分の住み家となった時、その人はその世界とうまく関係を築けるようになっています。その意味で学びは、人としての成長にもつながっていくのです。このことは、自分の足で立とうとする幼児、投球術をマスターしようとするピッチャー、古典や難解な本の読解に挑む研究者、のいずれにもあてはまります。

　自由になるための学びは**悦び**です。失敗や困難との格闘はたしかにつらく厄介なことですし、それを克服するためには粘り強さや折れない心（いわゆる「**レジリエンス**」）も必要です（これらは総じて「**社会情動的スキル**」や「**非認知的スキル**」と呼ばれ、近年その重要性が指摘されています）。けれども、学びが一定の実りをもたらした時、その悦びは他にかえがたいものがあります（苦労して「できた」時の幼児の満面の笑みを思い浮かべてください）。したがって、子どもの学びや仕事に関係しない学びの場合が典型ですが、学んで「何の役に立つの？」という疑問はそこではめったに生じません。仕事に関係する学びでも、その問いは学んでいる最中は無視されます。だって、学ぶのはつらいけど**愉しい**から。学ぶ動機はいろいろあげることができるでしょうが、結局は学びがもたらす悦びに帰着すると言ってもよいのではないでしょうか。

　こうなると学びの目的は、未知の世界に出会い、その世界になじんでいくことだ、と言うこともできます。あらたな課題にチャレンジすることによって未知の世界に通じるようになる時、それに伴って自分の力量（知識やスキル）が高まり、世界にも何か新しいものがもたらされて、自分と世界の可能性が広がります。たとえ小さな変化であっても、それが愉しくて学ぶというわけです。要するに、**よりよき**（深い・充実した）状態をめざすことに伴って、自分が成長

（解体−再生）し、世界が更新されていくことを悦ぶ学びです。

　このように考える仕事人はけっこういますが、収入とは関係なく、海外で挑戦しようとするスポーツ選手や、ベンチャー企業や NPO などへ転職しようとする人は、そのわかりやすい例と言えるでしょう。学びがうまくいけば好循環が生まれます。自分の力量が向上し、世界が変われば、チャレンジしよう・成長しようという気持ちもさらに高まります。個々の学びにはそれぞれめあて（目標やモデル）があっても、学びそのものには終わりがないのです。

3. 学ぶことと教えることの相補性

　すでに述べた学びのサイクルに従えば、独学も十分に可能です。しかし、学び教える世界を伝えてきた**徒弟制**を見ればわかるように、一見独学に見えても、そこでは多様な人々が一人の学びに関与し配慮しています。その意味で学びは**共同体**のなかで起こるのです。それらの人々のなかには明確に先生役の人もいますが、見守り・寄り添うだけの人もいます。いずれの人もそれぞれの形で学びを支えており、なんらかの意味で教えていると言うことができます。

　では、教えるとは具体的にどのようなことでしょうか。教えることの例としては、活動のモデルを提示する、その時の力量にふさわしい活動の場や役割を与える、活動する姿勢を正し・励ます、活動の善し悪しについて説明する、身体・思考のあり方や道具の用い方について助言する、道具使用に関して誤りを正し・危険を諌める、等々があります。成長の全体を見据えながら、学ぶ者の能力や個性に応じて、活動の内容や難易度を変えることや、取りまく環境（人や道具や場）を整えることも、教えに含めることができます。これらはしばしば「**足場かけ**」（scaffolding）と総称されます。あくまでも学ぶ者が主役であることを自覚した上で、学びのサイクルを邪魔しないように、教える者は通常はじっと見守りながら、機に応じて必要な手助けや支援をするのです。

　この時、学ぶ者と教える者は相互に呼びかけ、応える関係にあります。禅には「啐啄同時」ということばがありますが、雛が卵の殻を破ろうとして鳴く声（啐）と、母鳥が殻をつついて割る音（啄）のように、学ぶ者と教える者が共振

する時、学びは成就します。その意味では学ぶと教えるは相互誘発的あるいは相補的な関係にあるということもできます。学ぶ者の**自律**と教える者の介在＝**他律**が相乗作用して、学びは高まり、教える者もまた成長していくのです。

　自律的な学びが確立すると、何も教えてくれない人からも教えてもらうことができるようになります。作品などを手がかりにして、遠い過去に生きていた人や一度も会ったことのない人からも学ぶことができます。時には子どもや動物から学ぶこともできます（本章も乳幼児から学んでいます）。たとえば、スゴイ！と思った作品や活動を一方的にモデルと見なして模倣する時がそうです。未知の世界（人や出来事や事物）と出会い、それに刺激されて学びが誘発される時もそうです。その時、教えられると学ぶは同義です。人はいつでも・どこでも、だれからでも・何ものからでも教わり、学ぶことができるのです。

 ## 第2節　教育と学習

1. 教育という新参者

　一般には区別されていませんが、学び教える世界とはまったく別の世界があります。「**教育**」（education）の世界です。ここでいう「教育」とは、年若い人々を「**子ども**」と見なしておとなから区別し、生活や仕事の場から引き離して学校に囲い込み、知識や行動を意図的・計画的に教える様式のことです。

　学び教えることが少なくとも数十万年に及ぶ生物学的基盤をもっているのに対して、「教育」が誕生したのは15世紀の西ヨーロッパですので、ごくわずかな歴史しかありません。その背景には、自然の合理的な制御を可能にする科学・技術が生まれ、神に代わって人間が世界の創造主の役を担うようになったことや、活版印刷技術の発明によって頭の外に保存した知識を大量かつ容易に伝えられるようになったこと、などがあります。プロテスタントによる宗教改革や大航海時代に伴う植民地支配が「教育」を必要としたという事情もあります。

　教育は当初は「餌づけ」の意味を伴い（森 1993, 30頁）、もっぱら鞭を頼りに

子どもに知識を教え込み、しつけをすることでしたが、やがて合理的な方法を用いた普遍的な人間の形成もめざすようになります。19世紀になり、学校教育が国家規模の公教育制度として整備されると、教育は有用な国民（労働者や軍人）をつくるための手段として大きな影響力をもつようになりました。

　教育は日本では、明治国家の建設に伴い、学校教育制度とともに欧米から導入されました。よって、たかだか1世紀半ほどの歴史しかありません。もっと言えば日本国民の全体が教育に依存するようになったのは、1970年代の半ば頃ですから、ここ半世紀ほどが教育の時代だったにすぎません。ところが今日、この近代特有の教育は圧倒的なまでの影響力をもつようになりました。今や教育は大学にも及び、家庭や会社のなかにも入り込み、学び教える世界を駆逐しつつあります。模倣と習熟は過去の遺物と見なされ、学習を合理的に組織化する教育が社会全体を覆い尽くすまでになったのです。学び教える世界がはっきり見えている人は、もはやごくわずかかもしれません（あなたはどうでしょうか）。

2. 教師が主役

　学び教える世界と教育の世界はどこが違うのでしょうか。前者の世界では学ぶ者が主役です。教える者は、それぞれのやり方で学ぶ者に寄り添いながら、必要な時だけ積極的に関与します。それに対して教育では、「教えられることによって学ぶ」という前提に立ち、教えることが教師という専門家に任されて、教師が主役になります。教育の世界では、適切な学習を設計し命じる役割が教師に、学習者として教師に従う役割が子どもに割り当てられるのです。

　ことばや記号を一方的に詰め込むだけの教育は、やがて教育学の進展とともに教育方法に工夫を凝らすようになります。人づくりは生産活動になぞらえられた上で、目的−手段の枠組みに従って、何をめざし、どのような手段・方法を用いれば目的がもっとも合理的（効果的・効率的）に達成されるか、教育する側が考えます。どうすれば教師の指導を嫌がらずに受け入れてくれるか、学ぶ者の心理面への配慮も欠かせません。教育では、教師が目標を設定し、年間計

画から授業プランまで作成し、目標を達成するための教材・教具や教授方法や学習活動を用意し提供するのです。そこでは学習者は、教師が与えてくれるものを待ち受け、教師の指示通りに動くだけでかまいません。

　この時教師は〈実践→省察→実践〉のサイクルをくり返すことによって、教師として学び、成長していくことができます。しかし、学習者はそうではありません。教師の指示に従うだけでよいから、だけではありません。教育が求める**学習**には、**学び**の本質的な要素が欠けているからです。

　学習も学びと同じく「わかる」や「できる」をめざしますが、その意味は違います。さしあたり力学や筋トレを学ぶ場合を考えてみましょう。車・建物の構造設計やある種のスポーツを実践している者には、それぞれをなぜ「わかる」「できる」必要があるかはひとまず理解できます。けれども、物理や体育の授業を受けるだけの学習者にとっては、教育目標はあくまでも教育行政や教師が設定したものであり、みずからの学習活動の外側にあります。そのため、何のために学ぶ必要があるのかわからず、やる気が湧いてきません。

　それでも、学習と引き換えに得られる将来の利益が大きい時代には、人々は学習の苦痛に耐えました。そのつらい勉学の代償が、明治初期以来の「**立身出世**」であり、さらには「いい学校・いい会社」です。しかし今日では、「将来の選択肢をできるだけ残す」「望まない選択を回避する」くらいしか目的がなく、苦痛の代償がはっきりしません。そのため、親や教師からのよい評価（ほめてもらう・自分を認めてもらうなど）をめざして学習するしかありません。

　しかも学習では、幼児のことばの学びや学問・スポーツの実践とは異なり、知識や技をみずから実践するなかで身につけ、実践のなかで使いながら向上させていくということがありません。教室では基礎的な知識や技能の系統的な習得が中心であり、それらをどう利用・応用するかは各自に委ねられる、ということになりがちです。そのため実際には使わない・使えない知識や技能ばかりが蓄積されていきます。しかも使わない知識や技能はすぐに忘れます。こうしてまた「なんで勉強するの？」「何の役に立つの？」という疑問ばかりが生じてきます。

この点に関しては興味深い話があります。人にもっとも近い類人猿である**ボノボ**にことば（英語）を教えようと試みた研究者がいました。教育の考え方に従って一つひとつ丁寧に教えていったのですが、ほとんど何も身につきませんでした。人と類人猿のあいだにはやはり大きな断絶があるのかと思いきや、活発に動き回りながらそのやりとりを見聞きしていたそのボノボの子どもは、何も教育していないのに、なんと千以上の英単語を理解し、数百もの会話文を理解できるようになっていたのです。人の幼児と同じような学びをしたサルは、何年間も学校で教育を受けてきた多くの日本人よりもずっと"英語力"が高いという、笑うに笑えない話です（サベージ＝ランバウ＆ルーウィン 1997）。

　こうして学びとは異なって学習は、絶えず動機づけの問題に悩まされることになります。そこで教師は学習を楽しくすることに力を注ぎ、学習させる仕掛けに工夫を凝らします。ゲームを取り入れて学習にワクワク・ドキドキ感を与える、授業のノリをよくする、学習の成功体験を積ませる、勉強したくない自分に向き合わせる、等々です。こうして教師はエンターテイナーやカウンセラーの役割も担わされて、ますます教育の主役になり、学習者はますます舞台の隅や外に追いやられて、時に体験型イベントの参加者のようなものになります。

　さらに近年では、別の事情でも教師は主役にならざるをえません。改正教育基本法（2006 年）で「**教育振興基本計画**」の策定が必要になると、教育行政によって膨大な数の教育目標が設定され、一部は数値目標化してその達成が求められるようになりました。目標達成を合理的に成し遂げようとする際に、適切な方法・手段を用いるだけでなく、教育成果の評価とそのフィードバックを細かく実施してその方法・手段を絶えず改善していけば、教育の成果は確実に目に見える形で出すことができる、とする教育観が出現したのです。

　こうなると教育の成否の鍵を握るのはすべて教育する側です。教育の世界では、学び教える世界とは異なり、学習した時間に応じて知識や技能は累積的に積み上がっていくと想定するために、1 分たりとも無駄にしてはいけないという覚悟で教師は教育に臨みます。一定の期間内に目に見える成果を確実に産み

出すために、教師にも学習者にも失敗や停滞は許されません。そのため教師も学習者も迷わないことを優先しがちになり、より短い時間でより大きな成果をもたらしてくれるハウツーやマニュアルを求めようとします。その時学習者はもはや顔の見えない透明な存在です。教育する側の働きかけ（インプット）を教育の成果（アウトプット）に変換するブラックボックスというわけです。

　ここまでくると、学び教える世界を見事なまでに反転させたものが教育の世界ということになります。まるでパラレルワールドのように、2つの世界は相容れません。その時教育の世界では、学習者はもちろん教師にも学びの余地がなくなります。教師も学習者も成長していく存在ではなく、役立つものをそのつど生産していくだけのマシーンになります。一方、学び教える世界に足場を置いている人々は、自己の成長を実感できる創造的で充実した生活を送れる可能性が高まります。いずれの世界を志向するのか、学校や家庭や個人によって異なる気配がすでにありますが、このパラレルワールドをこのまま放置しておくと、人々の格差や分断が強化されていくことにもなりかねません。

3. 新　教　育

　ここで本章冒頭の問いに戻りましょう。オレ様は万能とばかりに教育が大手を振って歩くところでは、他律的な学習がはびこり、自律的な学びは困難になります。だとすると、教育の手段としてアクティブラーニングをどれだけさせたところで、主体的な学びにはつながらないのではないでしょうか。他律は他律のままであり、せいぜい「高い評価点をめざして『主体的な学び』を頑張る」という受け身の姿勢を助長するだけのように思われます。

　主体的な学びの必要は、実はすでに1世紀以上前に教育の切実な課題として浮上していました。19世紀末から20世紀初頭にかけて欧米を中心に日本を含む世界各地で起こった**新教育運動**です。新教育運動は、学校教育制度の整備・確立に伴って問題を露呈してきた学校教育への対抗運動です。そこでは、知識詰め込み教育や現実離れした古典教育が批判のターゲットになっていましたが、学習における自己活動や自発性の重要性、経験や体験の教育的意義、生活

や仕事や遊びを通じた教育の導入が説かれたことを考えると、教育の世界では学習者が主役になれないことを鋭く察知していたと言えます。

　しかし、必ずしも近代の教育が抱える本質的な問題に目を向けていたわけではありません。新教育は実際には教育の改良運動という側面を強くもっていました。教師に従属する学習者という基本構造は問わないまま、学習にやみくもに活動や体験を取り入れたり、教師の指示や教えを減らして学習者がみずから決める場面や知識活用場面を増やしたり、といった表面的な対応にとどまることが少なくなかったのです。

　そのため、新教育型の教育がもたらした結果は必ずしも芳しいものではなく、日本では戦後初期の新教育や20世紀末の「ゆとり」教育が学力低下を招いたとして批判されました。今日のアクティブラーニングは、かつての新教育的試みと同じ失敗をくり返す可能性があると考える論者もいます（小針 2018）。

　とはいえ、教育が学習者を脇役や傍観者に追い込みがちであることを考えた時、「**子ども中心**」を説く新教育はやはり魅力的です。というわけで、新教育的な考え方は批判されてもすぐに人気を回復し、今では「知識もアクティブラーニングや体験的活動もどちらも大事」という形で不動の居場所を確保しています。新教育の遺産が教育の構造的な問題を覆い隠し、さらには取り繕ってくれているおかげで、教育はますます勢いづいているとも言えるのです。

　一方、学び教える世界では、学ぶ者は過酷とも言えるほど主役であることを求められます。その学び自体が自律的で主体的なので、ことさらのアクティブラーニングは必要ありません。学問・研究でもスポーツでも、必要なのは実践と省察です。学問・研究の場合、実験や実地調査といったアクティブな活動が必要な実践もあれば、読書や聴講といった座学が基本になる実践もあります。スポーツの場合でも座学が主体的な学びを促す場合は少なくないと思われます。

4. 教育や学校の意義

　ここまで読んで近代特有の教育は間違っていると考えた人がいるかもしれませんが、話はそう簡単ではありません。近代における文明の飛躍的な発展への

教育の貢献はきわめて大きかったと言えるからです。

　まず読・書・算を習得すると、ことばや記号で表現された多様な世界にアクセスできるようになります。学ぶ者が書物を介して未知の世界に出会うと、そこから学びが誘発され、あらたな文化が生まれます。多様性を増した文化同士が結びつくほどに、ホモ・サピエンスを特徴づける集団的知性も拡張されます。こうして近代には科学を中心とした文明の爆発的な発展が可能になりました。なるほど、気候変動や環境問題などの深刻さを考えると、これ以上の文明の発展を望まない人もいるかもしれません。しかし、これらの大問題を解決するためには、近代文明に尽きない多様な文化を取り込みながら集団的叡智を鍛え上げていくしかないとも言えるのです。

　この時学校も重要な役割を果たします。特定の実践に携わっているだけでは出会えない世界を教えてくれるからです。未知の世界に出会うことは学校でなくても可能ですが、学校は半ば強制的に異質な世界に出会わせてくれます。学校学習で料理人が芸術や化学の知識をもつようになると、料理の可能性は大きく広がります。教育学者が人類学や人工知能の知見にふれると、教育の見方が大きく変わりうるのです。知識を「何の役に立つの？」と思いながら無理やり頭に詰め込むのではなく、自分の実践や課題に関連づけながら、出会った異質な文化や世界と対話する場になれば、学校には大きな可能性があるのです。

　そうであれば、今私たちが考えるべきは、教育の世界から学び教える世界に戻ることではなく、学び教えるという人類史的遺産をベースにしながら、教育という近代の成果をいかに活かしていくか、だと言えます。学ぶことと教えることが一体となった世界では、人々と事物や出来事が深く複雑に結びついています。一方、教育の世界では、学習者は個人として知識やスキルを習得しようとします。人と事物や出来事が有機的に結びついた重層的なネットワークのなかで、各個人が各人固有の能力を高めようとする時、個人にも社会にも豊かな実りがもたらされるのではないでしょうか。

　このような方向で学び教える世界と教育の世界が統合されたところに立ち現れるあらたな〈教育〉は、単なる教育の再建ではありません。すでに示唆した

ように、広く社会や人間のあり方にも関わる問題なのです。

 ## 第3節　実践に向けて──2つの世界をどう結びつけるか

　主体的な学びは教えることができるのか？──これが本章のタイトルで掲げた問いでした。自律的で主体的な学びを支えるという意味で教えることは可能ですが、自律的な学びを「教育」するのは難しい、というのが結論です。自己活動や自己決定を伴う学習課題に単に従事させるだけでは、不透明で流動的な社会や未知の問題に対応する力はつきそうにないということです。昨今では主体的な学びの足場を提供しようとして、知識・情報の使い方や学び方の教育も流行っていますが、そこで教えられるスキル（情報処理スキルや問題解決スキルや学習スキルなど）もまた、多様な場面や課題のなかで実際に用い、その実践を省察していくことなしには身につきそうにありません。社会情動的スキルの「教育」となると、もっとピント外れになるのは避けられません。

　自律的で主体的な学びを教えるために必要なのは、なんらかの実践（スポーツ・アート・趣味・学問・仕事、等々）を営んでいる共同体の活動への参加を促すことです。観察や手伝いなど、周辺的・補助的な活動から始めればよいのです。さらに、その人が本格的に実践に従事するようになったら、教える側は、〈実践→省察→実践〉のサイクルを活性化させつつ、省察の質の向上を促すことです。教育の世界にどっぷり浸っている人でも、乳幼児期に培われた学ぶ力は必ず残っているので、まずはそれを思い出し、回復させることです。

　学びに必要なものは、関わる力、開かれた心、忍耐強く追求する力、等々の社会情動的スキルから思考力や知識までいろいろありますが、意外に重要なのは「問い」ではないでしょうか。身体や感情に根ざした切実な問い（たとえば「貧困をなくしたい」「難病患者を救いたい」）を抱えている人は、それだけで一生学び続けることができます。そのような問いこそが社会情動的スキルや思考力を育むということも可能です。切なる問いさえあれば、学び続けることによって学力や知識は後からいくらでもついてくる、と言うこともできます。

学び教える世界と教育の世界をどう架橋し結びつけるか、これは依然として未解決の問題です。たとえば、今後大きな力をもつであろうICT（情報通信技術）ですが、未知の世界との出会いや対話を促してくれる場合もあれば、一定の教育成果を手っ取り早くもたらしてくれる手段でしかない場合もあります。用い方ひとつで、主体的な学びは促されたり抑え込まれたりするのです。

　学校でも多くの教師はこの2つの世界の架橋を試みてきました。子ども一人ひとりの問いや考え方を大切にし、失敗を許容し、さまざまな人や世界に出会わせ、クラスのみんなや学校外の人からも学ぶことを重視してきた教師・学校は少なくありません。たとえばドキュメンタリー映画『みんなの学校』の舞台になった大阪市立大空小学校がそうですが、学び教える世界の考え方を大切にする教育を行う時、子どもたちは驚くような成長を見せます（木村 2015）。

　その一方で、一方的に学習課題を与えた上で、互いに競争させながら、早く確実により多くの課題をこなすことを子どもに求める教師もまた大勢います。主体的な思考や問題解決がかつてなく切実に求められる時代に、学び・教えと教育−学習をどのように関連づけるのか。この問題をめぐっては教師一人ひとりが具体的な状況で試行し考えながら、みずからの答えを探し求めるしかありません。

　その時教師には、正解のない問題について実践し、絶えず省察することが求められます。そのような意味で「主体的に学び続ける」教師に出会った時、子どもたちはもっともわかりやすく主体的な学びを教わるのではないでしょうか。

（松下　良平）

演 習 問 題

(1) 本書はどのような教育的意図で作成されていると考えますか。学び教える世界への誘いでしょうか、それとも教育の効果的な手段の提供でしょうか。本書を主体的な学びにつなげるには、どうすればよいと考えますか。

(2) 本やドキュメンタリーなどからさまざまな人の学びの実態を探ってみよう。

【引 用 文 献】

ヘンリック，J．（2019）今西康子訳『文化がヒトを進化させた——人類の繁栄と〈文化 – 遺伝子革命〉』白揚社.

今井むつみ（2016）『学びとは何か——〈探究人〉になるために』岩波書店.

木村泰子（2015）『「みんなの学校」が教えてくれたこと——学び合いと育ち合いを見届けた 3290日』小学館.

小針誠（2018）『アクティブラーニング——学校教育の理想と現実』講談社.

森重雄（1993）『モダンのアンスタンス——教育のアルケオロジー』ハーベスト社.

西岡常一（1993）『木のいのち木のこころ〈天〉』草思社.

サベージ – ランバウ，S．・ルーウィン，R．（1997）石館康平訳『人と話すサル「カンジ」』講談社.

佐伯胖監修・渡部信一編（2010）『「学び」の認知科学事典』大修館書店.

辻本雅史（1999）『「学び」の復権——模倣と習熟』角川書店.

遊びと学びって反対語なの？

「遊ぶことと学ぶこと」について

学ぶということばは多くの場合肯定的に用いられますが、遊ぶということばにはさまざまな意味が含まれます。よい意味での遊びもあるでしょうし、悪い意味での遊びもあるでしょう。また、車を運転する際にいわれる「ハンドルの遊び」のように、状況に応じて遊びということばは用いられます。

「よく遊び、よく学べ」という文言は、教育者の口からよく出てくるものですが、この場合、①どんな遊びが想定されていると思いますか。またどのような遊びは除外されていると思いますか。加えて、②幼児期の子どもの遊びと、みなさんの学生世代の遊びとはどんな違いがあるでしょうか。さまざまな含意や使い方のある**遊び**ということばを理解することで、子どもの**学び**や、これからの新しい時代の教育のあり方についての考えを深めていきたいと思います。

【① についての自分の考えとそのように考えた理由】

【② についての自分の考えとそのように考えた理由】

第1節　Don't play——「不要不急」のことはできない時間のなかで

　この章でのテーマ、遊びと学びは対概念で多く用いられます。この「遊び」と「学び」には、「遊び」-「まじめ、真剣」、もしくは「遊び」-「仕事」といったバリエーションもあります。ここから考えられるのは、遊びというのは、学びや仕事といったまじめな活動の反対語だということです。

　遊びについて最近考えさせられることがありました。というのは、私の勤める大学の最寄り駅の広場でこんな掲示物を見たからです（図2-1）。Don't play という英語でおそらく「遊ぶな」を意味しているようなのです。実は英語の play が指すのは、子どもの遊びだけのようで、このような公共の場でのおとなや青年の遊びのような行為を指すことばとしては英語的に不適切です。英語の語法はともかく、「遊ぶな」だと楽器が入らないので play を使ったのだろう、また英語の方が外国人も増えてきているからよいのだろうと、この文言に決まった経緯を想像しましたが、要は「無駄なことはするな」ということですね。もちろん、このような掲示物は、近隣の住民が騒音などで困っているから設置されたものでしょうが、この "Don't play" という、いささかどぎつい文言からいろいろなことを考えさせられました。

　この文言を考えた行政の担当者は、おそらく、駅の広場でのスケボーや楽器演奏に対して苦情が来ること、そして公共の場ではほかの人々に迷惑をかけないでほしいことを、その場所でなんらかの活動をする人たちに伝えたかったのでしょう。その時の活動をしている人たちがやっていることに対して選んだことばが play だったのでしょう。もちろん、私は、この行政の担当者に文句を言いたいのではありません。公共の場でほかの人たちに迷惑が

図2-1　ある市の駅前広場での掲示物

かかる行為は慎むべきです。しかし、その担当者が、この掲示物で play ということばを選んだことに違和感を覚えます。ここでの play は、やはりここでのテーマである遊びであり、それは学びや仕事といったまじめなことに対する反対語です。そして、これを読んでいるみなさんが 2020 年の春から経験しているコロナ禍が関わってきます。

　数度の緊急事態宣言が出されたコロナ禍のなかで、行政や医療関係者が一般の人々に強いてきたことを一言で言うと、この"Don't play"だと思いませんか。というのは、このことば遣いには、やはりコロナ禍でよく用いられた「不要不急の外出は控えましょう」という文言が重なってくるからです。そうです、一般的なとらえ方では、遊びは「不要不急」なのです。逆に言うと、不要不急のことだからこそ、それは遊びなのです。別に今する必要があることではないし、ましてやほかの人々に迷惑がかかるならば、そのような遊びはもってのほかということになります。そうしてコロナ禍のなか、私たちの生活から遊びが消えたのです。「でも、別に今すぐ必要じゃないから、今しなくてもいいじゃない」、「必要じゃないものを買いにいったり、見に行く必要はないじゃない」。本当の緊急時にはそういう声ももちろん理解できます。でも、「それは本当に必要のないものだったの？」そして、「私たちはコロナ禍の前はそんなに無駄なことをやっていたの？」さらに、「遊びとは必要のないものなの？」、「遊ぶこと自体は無駄なことなの？」こう疑問が続きます。このことを本章では考えていきたいと思います。

 ### 第2節　遊ぶならどこに行く？　何をする？テーマパークとかゲームとか

　遊びについて、まずみなさんにこう問いかけたいと思います。みなさんにとって、友だちと遊びに行くという場合、どんなことを連想しますか。買い物や食事の場合もあるでしょう。デートのように散策や映画ということもあるでしょう。これらに共通していることは何でしょうか。その答えとして、自由と

いうことをあげたいと思います。どこに行くか、何を買うか、何を食べるかが、その遊びの参加者にとって自由だということです。どれも自分や友だちと自由に選べるものだと言えるでしょう。逆のケースですが、何を買うか明確な時や食事そのものが目的の会合は遊びと言えないかもしれません。

　このように考えた上で、みなさんの多くが大好きな、遊びスポットを取り上げてみましょう。それはディズニーランドやUSJに代表されるようなテーマパークです。多くの人々はそういう場所に行くというと「テンション（気分）が上がる」と思います。事前に下調べをして、どのアトラクションにどういう順番に向かうかなどを考えてから行かれる方もいるでしょう。しかし、私は、「このようなテーマパークでの遊びは本当に遊びなの？」と思ってしまいます。たしかに、そこで過ごしたり、アトラクションを体験し、友だちと騒ぐのは楽しい経験でしょう。ですが、それは本当に遊びなのかとあえて問いたいと思います。そしてみなさんにも考えてもらいたいと思います。

　先にも述べましたが、いろいろな遊びに共通していることは自由ということでした。たしかに、どこのテーマパークに行くか、またどのアトラクションに乗るかなどは自由に選べます。そして、その体験は多くの人々にとって確実に楽しい。ですが、実はそこには自由がないのではないかと私は考えています。というのは、私たちはそこで遊んでいるというより、遊ばせられるといったことを感じるからです。アトラクションは客のテンションが上がるように、どれもよくできています。絶妙なタイミングで観客にハラハラドキドキを味わわせるように計算されています。私たちはそこに行き、アトラクションを体験すると楽しんで帰れるように構成されています。ですが、それは各自が主体的に自由に遊んでいるというよりは、絶妙に計算されている世界で遊ばせられているという気がしています。近年のコンピュータゲームもそのような世界だと思います。難易度もそれほど高くなく、確実に多くの人々が楽しく遊べるように作られている。絶妙のゲームバランスでうまく興奮させられるようによくできています。ですが、そこでもやはり遊ばせられていませんか？　あらかじめ与えられた、うまく計算された楽しみを**「消費」**するようにそこではすべてがプロ

グラミングされています。その証拠として、私たちはけっこうな対価をその提供者に支払っています。たしかに、周到に計算して作り上げられた理想のテーマパークに行く人々は、「こんな世界が欲しいんでしょう？」と差し出されたものにお金を払って入場し、それが作られたものであることを忘れて、そこでの時間を楽しい遊びとして受け取ります。加えて、テーマパークでは季節ごとの限定イベントがあったり、最近のスマートフォンでのゲームも課金しないとより楽しめないようになっていたりと、完全にそれらで遊ぶ人たちは消費者となっています。

　ここまでをまとめると、テーマパークやコンピュータゲームは、楽しい経験やおもしろい経験を生み出すために作られているということです（ボードリヤール 1984, 長谷川 2014）。それらは私たちの楽しさを生み出すための商品です。ですが、先ほども述べましたが、私たちはそこで遊ばせられているのではないか、楽しいと思わせられているのではないかということです。人間にあらかじめ楽しさを生み出すように設計されている商品を買って、私たちは楽しいと感じる。すでに一度「消費」ということばを使っていますが、私たちはテーマパークやゲームを楽しんでいるのと同時に、経済システムのなかに組み込まれて「消費者」にさせられています。しかし、このような「消費」は単にテーマパークやコンピュータゲームだけの世界にとどまりません。

　わかりやすくレストランで食事するという例でお話しましょう。私たちはレストランで何か食べる。そしておいしいと思う。これは自然なことだと思います。しかし、もう少し細かく想定をしてみましょう。私たちはたまたま目についたレストランではなくて、インターネットのレストラン紹介サイトで、星が5つついたところに行くとしましょう。そして、そこでとくにおいしいという評判がインターネット上で書き込みがあるものを食べるとしましょう。それから実際にそれを食べて、おいしいと思う。

　このレストランで食事をするという行為ですが、インターネットで調べて、星がつくところでおいしいと評判のものを食べて、おいしいと感じることは、テーマパークやコンピュータゲームで楽しむことに似ていると私は考えます。

そこでは人々は、あらかじめ楽しかったり、おいしいと評価されている商品を、本当に楽しいか、おいしいのか判定しているのです。たしかにレストランで味わうのは、自分の舌でしょう。しかし、その舌はあらかじめ読んでいたインターネットでの評判に適うかどうかを判定する舌です。あらかじめおいしいと言われているものをおいしいかどうかを判定するだけです。極端なことを言うと、その先入観のために、その一皿がどんな味なのか、自分にとってどんな魅力があるものなのかを味わうことができないのです。

　テーマパークやコンピュータゲームもあらかじめ定められた遊び方以外の遊び方ができません。「こうやると楽しいでしょ」というプログラムの上で遊ばせられているということになります。もちろん、みな、自由意志で選んで、テーマパークに行ったり、ゲームをしたりしているのですが、その最中にはテーマパークのアトラクションやゲームのプログラムに心を動かされています。心を動かされることを感動というのでしょうが、とどのつまり、この場合、楽しいと感じるように操縦されているのです。はたして、ここに人間の自由はあるのでしょうか。

 ## 第3節　遊びと自由──カントの美学

　ここで少し話が変わります。ドイツの哲学者 I. カント (Kant, I.) は、美を感受する心について『判断力批判』(1790) で、現代にまでつながるような論考を残しています。カントはつぎのように言います。人が美しいと感じるものは、目的があるものではない。たとえば、ものをよく切るためのハサミには、より道具として有用であるために目的があり、そのために形が決まってきます。だが、道具と違って、自然の花や葉、または生物の形は、生存のためという一定の目的があるだろうが、なぜこれほど多様であるのかについては、用途といった目的からは説明ができない。つまり、自然の美には、目的がないというのです。そして、目的がないからこそ、私たち人間はそれを見て、美しさを感じるというわけです。その際、人間の心では想像力と理解力が自由に遊んでいると

カントは言います（カント 1964）。目的から**自由**になり、自然の事物の形を自由
にとらえて、遊んでいる状態、それが美を感じる心だというのです。その美を
感じる心は、もちろんその自然の物によって引き起こされるのですが、その物
に依存しているわけではない。物を素材として、人間の心が想像力を働かせて
遊んでいる状態こそが、美を感じているというのがカントの美学論の核心です
（弘田 2007）。

　ここまでの遊びの話には、実はこのカントの論が背景にありました。テーマ
パークやコンピュータゲームが自由な遊びではないと私が言うのも、カントの
論を現代に適用しているからです。テーマパークやコンピュータゲームが与え
るあまりにも強烈な楽しさの経験は、アトラクションやゲームといった物に依
存しすぎていて、人間の心を強くとらえて自由を奪うのです。そのような物に
よって、私たちは楽しさを強制されています。私たちは自分たちの心のなか
で、それらがどういう体験かを知る前に、いわば無理やりに楽しくさせられて
います。そこには近年の脳科学が解明したように、ドーパミンやアドレナリン
が脳内をめぐり、人間が興奮するというメカニズムが関わってきていますが、
そのことにはここでは立ち入りません。

　それよりも、カントの論をもう少し見ておきましょう。『判断力批判』で描
かれる美を感じる人間の心のメカニズムです。人間が何かを美しいと感じるこ
ととは、物そのものの美しさというよりも、その物を見ることによって、人間
が美しさを心のなかで生み出しているのだとカントは言います。ここには人間
の感じ方の自由があります。美しいものを見たとしても人間は必ずその虜にな
るわけではないのです。たとえ美しいものを見たとしてもそれは単に人間に対
するきっかけであって、人間はそれを見ることで美しさを自分で生み出してい
るのだとカントは言います。たとえば、月を見るとしましょう。たしかに月は
美しいものです。しかし、その月の美しさは私たちが目を閉じたとしても、そ
の心のなかに心地よさという形で残っています。その際に、先に見たように、
カントは想像力と理解力が自由に遊んでいて、人は美しさを自分でつくり出し
ているのだと言います（カント 1964）。

もう一度、先ほどのレストランのたとえ話に戻ります。一方でインターネットの評価通りにおいしいかどうかを確認するような、味わい方が一方にありました。この場合、おいしくなかった場合、おいしくないという評価しかありえないことになります。おいしくないというのは、自分の期待通りでなかったということです。そうではなく、別の味わい方として、まずはどんな味かを試してみるというやり方が、もう一方であります。自分の期待はまず一度脇に置いて、どんな味かを試してみる。そして、自分の舌に合わなかったとしても、こういうおいしさもありうるのかもしれないと思ってみる。つまり、これはおいしいと言われるものだけを食べたいという自分の期待から一度外れて、どういうものをおいしいと言うのだろうかと味わってみる態度です。食材や調味料という物から即座においしいかどうかだけを判断するのではなく、自分が味わっているものをよく吟味して、その吟味の過程が心地よいかどうかを味わってみる。ここには、物に依存せずに自分の感じ方を味わうという自由があります。

　この食の話の背景にも、カントの論があります。カントのいう美を感じる判断のことを哲学では、趣味判断と言います（カント 1964）。趣味とはドイツ語では Geschmack と言いますが、これは英語では taste（テイスト＝味）に対応することばです。つまり、美を感じることの事例として、味覚があるのです。日本語でも、おいしいという形容詞には、「美味しい」という漢字を当てますね。

 ## 第4節　遊びと生きる力

　美の話から遊びの話に戻りましょう。しかし、美を自分で生み出すというカントのいう心の働きの話を忘れないでください。近年、テーマパークやコンピュータゲームのような自分を楽しませてくれるものがないと、気持ちが上がらないというような話をよく聞きます。もし幼い頃から、そのような楽しさやおいしさの消費しかしていないようでしたら、もう空き箱ひとつ渡されてもそこから遊びを作り出す力が湧いてこないでしょう。消費者の反対語は、生産者です。あまりにも精巧に作られ、用意された楽しさだけを消費することに慣れ

てしまうと、自分で楽しさを作ったり、見つけたりすることができなくなっていく。そして、人を楽しませることもできなくなる。それは、**生きる力**を失うことと同じではないでしょうか。

　でも、「遊びは遊びだからそんなに深く考えなくてもよいのでは？」、「テーマパークやコンピュータゲームで楽しいんだったらいいんじゃないの？」という声も、ここまでを読まれた方から聞こえてきそうです。でも、私たちの社会のなかで、少なくない数の人々が、この数年のうちに一瞬のうちに自分たちの生活の基盤を失ったり、数日間電気が使えなくなるような経験をしています。幸運なことに無傷でいられた人々だって、明日どんな災害に遭うかわからない世のなかに生きています。また、2020年春からの新型コロナウイルスの流行のような災禍がいつやってくるのかわからない時代だということを、私たちは肌で感じています。だからこそ、人為的にプログラムされた楽しさやおいしさに依存しないで、自分たちで楽しさを作っていける力を日々の暮らしのなかで養っていかないといけないのではないでしょうか。

　このような遊びを作り出す力が、生きる力とつながっているのではないかと先ほども少し述べました。このような事例として、第二次世界大戦後、旧ソ連に抑留され、収容所に入れられ、毎日過酷な環境で過ごした日本人の話があります。その人たちは身の回りのありとあらゆるものを使って遊びを作り出す達人だったそうです。余ったパンで囲碁の石や将棋の駒を作り、抑留中遊んでいたそうです。また、わずかに配給されるタバコの巻紙に、灰や石鹸などを混ぜた液体で絵を描き、カードを作って、遊んでいたとのことです。残念ながら、多くの方は11年間の収容所生活で亡くなってしまいますが、それらの遊びは彼らに大きな生きる力を与えてきたことでしょう。また、第二次世界大戦のナチス・ドイツの一部の収容所では、ユダヤ人の人々は大変な苦境のなかでもさまざまなことに楽しみを見出して、生き延びる力を得ていました（野村 1993）。チェコのテレジンの収容所では、終戦後子どもたちが描いた4,000点もの絵が見つかっています。また歌や詩の教室も行われていたようです。芸術を嗜んだおとなが、つらくみじめな収容所生活のなかでせめて1日に数分でもいいから、

子どもたちに笑顔が浮かぶ時間を作ろうとして、ナチスの役人と交渉し、そのような教室を開いていたそうです。どんなに大変な環境でも人々は、直接に生活や労働に関係しない遊びや芸術を通して、生きる力をつないだのでしょう。

　もちろん、そのような歴史上の負の遺産のなかでの稀有な出来事を、そのまま今日の私たちの教育活動にあてはめることはできないかもしれません。しかし、人間にとって、いわば遊びと言えるような生活に直結しない活動がいかに重要かについてはわかってもらえるでしょう。そして翻って、子どもの教育のなかにはそのような自由な遊びに当たるものが必要だということは言えるでしょう。たとえば、幼児は公園に落ちている木や草花、また家に転がっている廃材で何かを作ってみるということを幼稚園や保育所で行います。そのようなものは、テーマパークや商品としてのおもちゃがもっている完成度はありません。そして、それが楽しいもの、おもしろいものになるかどうかはわかりません。しかし、そのなかでさまざまに試行錯誤をしながら、楽しさ、おもしろさを発見していくことが、遊びなのではないでしょうか。つまらなければ改良し、うまくいかなければ誰かに相談し、時間をかけて自分だけの世界を作り上げることができます。その想像力を駆使した世界の生産こそが人間の遊びであり、自由を保障するものではないでしょうか。その時に得た楽しさや達成感が、以後の人生を生き抜いていくためのベースになるのではないでしょうか。

　子どもたちが本来もっている生きる力は「遊びを生み出す力」だと私は考えます。空き箱ひとつからでも、ペットボトルの蓋ひとつからでも、子どもたちは遊びを生み出すことができるのです。完璧に作り上げられた理想の世界を受け取って喜ぶのではなく、現実に手をのばし、そこから遊びになりそうなものを見つけ出してくる感覚を磨く。日々の教育の関わりのなかからそんな遊び方を育むようにできれば、それが何よりの教育だと思います。

 ## 第5節　実践に向けて——対概念ではない遊びと学びへ

最後に歴史をふまえて、この遊びの話をしておきましょう。世界の先進国の

産業構造を変える 19 世紀初頭からのイギリスの**産業革命**については聞いたことがあると思います。蒸気機関などの発展で大規模な工業生産や輸送が可能になりました。多くの人々は自分の生まれ育った伝統的な地域から切り離されて、都市部で工場労働者として生計を立てるようになりました。それまでの長く続いた自然に近い暮らしから引き剝がされて、人工的に決められた**労働**時間とそれ以外の休息・余暇の時間へと生活が分断された状態で人生の時間を過ごすことになったのです。公教育も普及してくると、子どもは労働者になるために学校で教育を受けるようになります。勤勉に働く準備として、朝から決められた時間割で子どもたちは授業を受けるようになります（柳 2005）。こうして、子どもたちにとっては、学校で授業を受ける時間が学びの時間、そして、家での家事や家業の手伝いと他のきょうだいの面倒をみる時間が労働の時間に、その残りの時間が自由な遊びの時間となったわけです。こうして、19 世紀初頭からの産業革命、そしてそれに伴って幕開けした近代という時代によって、おとなも子どもも、仕事や勉強と遊びというように生活の時間が区切られるようになりました。

　この近代という時代に明治維新後の日本も飲み込まれていきました。20 世紀の大きな戦争を経て、日本は近代化をさらに推し進め、経済成長の期間を迎えます。1950 〜 90 年くらいまでのあいだは、人々は懸命に働きましたが、その分、所得や生活水準が上がり、皆で成長を喜び合った時代でした。しかし、人の人生にも成長期とその後の成熟期・老成期があるように、1 つの国も経済が停滞し、また高齢化・少子化などで社会から活気が失われていく期間があります。1990 年代後半から日本社会は、多少の経済成長があったものの、皆でもう繁栄を共有できない社会になってしまいました。現在は、もはや**近代の終わり**と言ってよい時代になったようです。

　こんな時代のなかでは、かつての仕事と遊び、勉強と遊びという区別は見失われてしまったように思えます。猛烈に仕事に打ち込んだ後、楽しい遊びの時間が待っているとか、一生懸命に勉強すれば一生涯よい人生が送れるという物語はすでに崩壊してしまっています。社会が人々の人生の意味を保障してくれ

る近代という時代は終わってしまいました。近代社会において、みんなが共通の目標としていた立身出世を信じている人々は少なくなってきました。今日では、社会のなかの定評のあるステータスのために生きるのではなく、自分で生きる意味を作っていくことが必要となっているのでしょう。

　また、仕事のために生きるとか、遊びのために生きるとか、どちらかを選ぶような時代でもないようです。これからの時代は、どのような人生がよいのかという自己定義が必要となってきます。何かのために生きていく、努力していくというよりは、生きていること自体を楽しむ、努力していること自体を楽しむ時代が来ています（白井 2020）。そのためには、学ぶ必要があるでしょう。自分の知らないさまざまな世界があるということを学ぶ。そしてその世界のなかでより自分を深める、広げることが必要になるでしょう。学びのなかで遊び、遊びのなかで学ぶという時代になってきています。

　今日、取り上げられることの多い**アクティブラーニング**は、このような遊びと学びを融合した教育の形態と言えるでしょう。しかし、本書の第1章でも論じられているように、アクティブラーニングだからといって、児童にとって本当に主体的な学びとなっているのかということには敏感になっていた方がよいでしょう。またこの章の話で言えば、児童はそのような授業のなかでアクティブ（積極的・主体的）であるように演じさせられていないかということも念頭に置いておかなければいけないでしょう。つまり先生が望むようなアクティブさを児童が先回りして、こういうものが今の学力観では評価されるものだから、先生が望むような発言をしておこうといったことが、教室内で起こっているならば、もう一度、アクティブラーニングにおける主体性な学び＝遊びといったものを考え直していく必要があるでしょう。

　今日では、新しい学力観に基づいて、入学試験も再編成されようとしています。どのような学びの経験をしてきたのか、どのようにその学びを楽しんできたのか、その学びにはどのような想像力や遊びの要素が含まれているのかといったことも、児童生徒の学びの履歴として入学試験で秤にかけられるようになってきています。

このような新しい学力観・入学試験は、一見、その子どもたちのペーパーテストの点数だけを測定するものとしてよいものかもしれません。しかし、ここには2つの問題点があります。

　1つ目の問題は、すでに述べたことと関わりますが、遊びとは、人間の自由の構成要素です。何か社会的に有用なもののために人は遊ぶのではないはずです。しかし、今日の新しい学力観・入学試験では、そのような遊びも社会的な有用な尺度として、子どもたちを測るものとなってきています。そして、これが2つ目の問題点ですが、そのような新しい学力観を形作る学びの履歴は、今日、ペーパーテストでの点数を子どもに取らせるための塾業界が新しい学力観というニーズに合わせて構成しようとするものになってきていることです。子どもたちは塾を通して、自然体験やボランティア、キャリア教育などを享受します。つまり、保護者は、自分たちの子どもがよりハイスペックな人間であることを示すために、塾で今日の教育界が求める経験を買って、子どもに与えるのです。このようなことは今日の教育格差と言われる、社会的再生産をさらに助長するものでしょうし、また人間にとっての遊びや想像力の経験をお金に任せて購入し、テーマパークやゲームの場と同じように子どもたちを消費者にするものです。

　冒頭で述べたように、遊びと学びは対概念のように考えられてきたかもしれません。しかし、その対であることはこの節で見たように、近代という時代のなかで設定されたのです。そして、その近代という時代も終わろうとしています。先ほど述べたような問題点も多々ありますが、しかし、そのなかで、遊びと学びを対概念として考えることも終わりにしないといけません。私たちは乳幼児の子どもたちのさまざまな自発的な活動を見ていて、その活動はどれも遊びであり、学びであることに気づきます。そのような子どもたちも、小学校入学が近くなってくると、徐々に遊びと学びとの区別をつけることを教えられていきます。「小学校は勉強するところ」、「先生がお話することはちゃんと聞きましょう」といったことばを、5歳の子どもは少しずつ受け入れていきます。もちろん、勉強することや先生の話を聞くことは大切です。しかし、それを大

切にすることが子どもたちにとってどんな意味があるのかをよく知っておかなければなりません。それは幼児たちを近代社会に順応させようとしていることなのです。すでにみなさんも時代の空気を感じ取っているように、近代という時代は終わりを告げつつあります。では、私たちは新しい時代を生きる子どもたちに、どんな風に伝えていけばよいのでしょうか。新しい時代の遊びと学びについて。それをみなさん一人ひとりが考えて、自分の答えを出してほしいというのが、この章の一番の核心になります。

(弘田　陽介)

演 習 問 題

今後の新しい時代を生きる子どもたちにとっての、遊びと学びとはどのようなものでしょうか。新しい時代について、現在どのようなことが論じられているのかを調べた上で、どんな遊びと学びがそれにふさわしいかを考えてみてください。

【引 用 文 献】

ボードリヤール, J.（1984）竹原あき子訳『シミュラークルとシミュレーション』法政大学出版会.

長谷川一（2014）『ディズニーランド化する社会で希望はいかに語りうるか』慶應義塾大学出版会.

弘田陽介（2007）『近代の擬態／擬態の近代——カントというテクスト・身体・人間』東京大学出版会.

カント, I.（1964）篠田英雄訳『判断力批判（上）（下）』岩波書店.

前野茂（1979）『ソ連獄窓11年（1）〜（4）』講談社.

野村路子（1993）『テレジンの小さな画家たち　ナチスの収容所で子どもたちは4000枚の絵をのこした』偕成社.

白井俊（2020）『OECD Education2030 プロジェクトが描く教育の未来　エージェンシー、資質・能力とカリキュラム』ミネルヴァ書房.

柳治男（2005）『〈学級〉の歴史学』講談社.

子どもはどのような関係の なかで育つのか？

「教育関係」について

　教育は人なり、と言われます。子どもにとって一番大事な教育環境は教師だという意味です。教師の資質能力の向上が議論される際によく使われることばでもあります（文部科学省 2016）。しかしこのことばには、教育は学校で教師が生徒に対して行うものという前提があります。意外かもしれませんが、人類の長い歴史をふり返ると、今日あるような学校が広まるのは、せいぜい4〜500年前のことです。新生児が独力でおとなになることができないとすれば、学校のない時代にも、子どもが成長するためには、周囲の、教師ではない「人」とのかかわりがあったはずです。では、①学校の教師ではない「人」とはどのような人間だったでしょうか。また、②その「人」との関係のありようは学校での教師−生徒関係とどのように異なっていたでしょうか。
　本章では、子どもがどのような人と、どのような関係のなかで育つのかという問題について、歴史をふり返りながら考えてみたいと思います。

【①についての自分の考えとそのように考えた理由】

【②についての自分の考えとそのように考えた理由】

第1節　学校のない社会での教育関係

1. ヘヤー・インディアンの社会

　先ほど述べた通り、人類史をふり返ると学校のある時代よりも学校のない時代の方がはるかに長く続いていました。今も地球上には未開のジャングルなど、学校のない地域は残っています。1960年代の調査になりますが、文化人類学者の**原ひろ子**は、北アメリカのタイガ地域で生活するヘヤー・インディアンの社会を調査するなかで、教育関係（さしあたり、子どもの成長をもたらす人とのかかわり）について興味深いことを述べています（原 1979）。

　原は調査を始めた当初、「教えよう・教えられよう」とする意識的行動は人類に普遍的なものと考えていました。ところが、ヘヤー・インディアンの人々の生活を観察していうちに、「学ぼう」とする意識的行動は人類に普遍的と言えるが、「教えよう・教えられよう」とする行動は絶対普遍のものではないと考えるようになったそうです。

　たとえば、おとなの使う斧を上手に振り下ろしながら丸太を細かいたきぎ用に割っている6歳の女の子に向かって、「どうやってそれをおぼえたの？」と聞くと、彼女は「自分でやっているのよ」と答えます。自分のへんなヘヤー語が通じなかったのかもしれないと思って、そのあたりにいる兄や姉に「だれが斧の使い方をあの子に見せたの？」と聞いてみると、「あの子が1人で遊んでいるんだよ」という答えが返ってきます。こういう質問をくり返すとともに、彼らの生活をつぶさに観察してみて、しだいに次のことがわかってきました。ヘヤー・インディアンの世界には、「教えてあげる」、「教えてもらう」、「だれだれから習う」、「だれだれから教わる」というような概念の体系がなく、各個人の主観からすれば、「自分で観察し、やってみて、自分で修正する」ことによって「○○をおぼえる」のです。学校のないヘヤー・インディアンの社会では、子どもは、まわりにいるおとなや友人、いとこやきょうだいなどをモデルにして、猟の仕方、皮のなめし方、火のつけ方、まきの割り方など生活に必要な知識や技能をじっくり観察し、**模倣**しながら習得していきます。モデルは固定

しておらず、まわりのすべての人間がお手本であり、また時に反面教師でした。

2. マイスター制度

　時代が進み文明が進歩しても模倣を中心とした学びが子どもにとって教育関係の基本でした。近代以前の伝統的な社会では、教育は家庭や地域社会、職業集団など多様な人間関係のなかに埋め込まれていました。農民であれ、手工業者であれ、聖職者であれ、子どもたちは見習いによる模倣を通して、**共同体**の一員にふさわしいふるまいや価値観を習得していました。

　西洋の近代以前の社会における教育関係を典型的に示しているのは、手工業者の世界です。12 世紀頃になるとドイツでは、鍛冶屋、大工、石工といった手工業者が、時の権力に対抗するために、商人の組合（**ギルド**）にならって職種ごとに同業者の組合（**ツンフト**）を結成していきます。ツンフトは後継者育成にも力を入れ、徒弟、職人、親方（マイスター）の３階級からなる**マイスター制度**を作ります。新入りの徒弟は親方のもとで大工なら大工になるために必要な知識と技術を学んでいきます。しかし、親方は今日の学校の技術・家庭科の教師のような教え方はしません。親方は基本的に生産者として大工の仕事をしています。徒弟に対して意図的、計画的に指導したりはしません。徒弟は親方だけでなく、先輩の職人や他の徒弟の仕事ぶりを観察し、模倣し、習熟していきます。親方の造った作品も参考にしました。親方は教えることが主たる仕事ではないので、親方と徒弟の教育関係がうまく成立するためには、徒弟の学びに向かう姿勢が何よりも重要でした。その意味では、学習者中心の教育関係と言えるでしょう。

　マイスター制度における教育関係のもう１つの特色は、職人段階にあります。３～４年の徒弟期間が終わると、職人として旅をしながら各地の親方の工房をまわり修行を積むことが求められました。それは**遍歴修行**（ヴァルツ）と呼ばれ、15 世紀半ば以降義務化されていきました（阿部 1978）。遍歴の期間は職種によりま

図 3-1　マイスター制度

すが1〜7年、長い場合は10年以上にも及びました。遍歴修行では、各地の親方のもとでその土地ならではの技術や親方としてのふるまいや心構えを学ぶことができました。しかしそれだけが修行ではありません。旅のなかで見知らぬ土地の文化や風習を学ぶこと、職人宿で他の街からきた職人と情報交換をすること、親方に自分を売り込んで雇ってもらうこと、仕事で得た賃金で移動や生活の費用をやりくりすることなども、親方を目指す上での大事な修行でした。「遍歴こそ職人の大学だ」とすら言われました。

　ただし、遍歴の旅は非常に過酷なために途中で脱落する者も多くいました。そのためツンフトから金銭面でのサポートもありましたが、遍歴修行を最後まで完遂できるかどうかの鍵は、ここでも職人の学びに向かう姿勢だったのです。

3．旅の教育力

　ここで少し旅と教育の関係について考えてみたいと思います。ゴリラやチンパンジーなどの**類人猿**とヒトとを分ける基準の1つは、旅をするか否かであると言われます。類人猿は住み慣れた森を出て草原や海に繰り出すことはありませんでした。未知の世界に飛び出して冒険することは、類人猿にないヒト（人間）固有の本質に属していると言えるでしょう。

　日本でも「かわいい子には旅をさせよ」と言いますが、洋の東西を問わず、古くから若者には、旅を通して未知の空間と体験のもとで、あらたに知的な世界を広げて、さまざまな発見と学習をすることが期待されました（石附2005）。西洋では、イギリスの**J. ロック**（Locke, J.）が、当時貴族のあいだで広まっていた大陸への**グランド・ツアー**を念頭に、『教育論』（1693）のなかで「旅は教育の仕上げである」と述べています。**J.-J. ルソー**（Rousseau, J.-J.）も『エミール』（1762）の最後の第5編のなかで、教育の完結に向けて外国の政治機構を学ばせるために、生徒のエミールに2年近い旅をさせています。ルソーにとっても旅は「教育の一部」でした。

　旅を通した教育というモチーフは、ドイツでは「**教養小説**（ビルドゥングスロマン）」という文学ジャンルを生み出しました。その典型が**J. W. v. ゲーテ**

(Goethe, J. W. v.) の『ヴィルヘルム・マイスターの修行時代』(1796) とその続編の『ヴィルヘルム・マイスターの遍歴時代』(1821) です。教養小説という場合の教養（ビルドゥンク）とは教養主義の教養ではなく、人間形成という意味です。教養小説とは旅を通した人間の成長の物語と言えるでしょう。

4. ハイジとクララ

アニメでよく知られている『**アルプスの少女ハイジ**』もまた教養小説の系譜に位置づけることができます。執筆したのはスイスの作家 **J. シュピリ**（Spyri, J.）です。1880 年に出版された第 1 部のタイトルは『ハイジの修業時代と遍歴時代』で、明らかにゲーテを意識したものでした。翌年続編として第 2 部の『ハイジは習ったことを役立てる』が出版されました。今私たちが読んでいるのは、この 2 冊を合体したものです。

物語は、両親を亡くした主人公の少女ハイジが、叔母に連れられてアルプスでひとり暮らしをする祖父の山小屋を訪れるところから始まります。大自然のなかで、祖父から山での生活を学び、貧しいヤギ飼いの少年ペーターや目の見えないペーターの祖母たちと交流しながら、ハイジはたくましく育っていきます。その後、ドイツの大都市フランクフルトに行くことになります。富豪のひとり娘クララの友だちとして一緒に生活するためでした。ハイジは慣れない大都市のなかで、家庭教師やクララの祖母から読み書きを学び、キリスト教の信仰を身につけていきます。そして物語の後半、再びアルプスに帰郷して祖父との生活を送ります。祖父をそれまで疎遠であった村の人たちや教会と和解させ、ペーターに文字を教え、ペーターの祖母に讃美歌の本を読んであげます。

ただし、すべてが順調にいったわけではありません。ハイジは大都市での生活にどうしてもなじめず、心を病んでしまいました。それがきっかけでアルプスに戻されたのです。旅を通して新しい世界を経験することは、日常からの離脱であり解放であると同時に、非日常であるがゆえの危機や苦難を伴うものなのです。

この物語で興味深いのは、人だけでなく自然とのかかわりもまた子どもの成

長にとって重要だというメッセージが込められていることです。そのことはとくにクララを通してよく描かれています。物語の後半、フランクフルトからアルプスの山小屋に戻ったハイジのもとに、クララが転地療養をかねてやってきます。自然のなかでの生活に慣れた頃、クララはハイジやペーターと山の牧場に行きます。ヤギたちはおいしい草を競い合って食べるのですが、ユキという子ヤギはほかの大きなヤギたちに気後れして、好きな草を口にできません。その様子を見ていたクララは、自分の手でユキにおいしい草を食べさせます。その時、クララに突然新しい感情が湧いてきます。

　富豪のひとり娘クララは幼児期から車椅子生活を送っていました。まわりの人からは援助してもらうばかり。わがままで自己中心的な面ももっていました。そのクララが、誰かのために役立ちたいと考え始めるのです。援助される側から援助する側への劇的な転換は、クララの精神的な成長を象徴しています。それはある意味では、「クララが立った」という肉体的な成長よりも重要なものだったかもしれません。

　19世紀後半にはスイスでも初等学校は広まりかけていましたが、この物語においては、学校よりも旅を通した人や自然との出会いがもつ教育力に信頼が寄せられていたと言えるでしょう。

 第2節　学校における教育関係

1. 教育関係の合理化

　近代における学校の発明は、それまでの教育関係の様態を一変させました。私たちが今日慣れ親しんでいる学校、つまり、多様な人間集団のなかから特定の年齢層の子どもをすくい取り、彼らに対して意図的、計画的に教育を行う場としての学校は、西洋で17世紀以降急速に広まりました。そこでの教育関係の基本モデルは、教育の専門家である教師が、教える内容と方法を自覚しながら目的意識的に子どもに働きかけるというものでした。学校の普及に伴い、何をどのように教えるべきかを探究するための学問として**教授学**が発展します。

17 世紀は「教授学の世紀」と呼ばれています。

　先進諸国では、19 世紀の国民国家の成立とともに学校教育に力が入れられ、19 世紀後半には**義務教育制度**が整えられていきます。同時にプロの教師を養成するための大学や師範学校の設立が国家規模で進められました。学校制度が整備されたことにより、原則的にすべての子どもが平等に学校に通えるようになり、学校では教育の専門家である教師によって知識と技能をより合理的に伝達することが可能となりました。

　入学前の、そして入学後の家庭環境の影響は無視できませんが、学校では能力主義が徹底され、子どもがみずからの能力と適性に応じてその後の職業や進路を決定できるようになりました。こうしたことも学校制度の成果と言えるでしょう。

2. 教育関係の貧困化

　しかし他方で、学校教育の爆発的な普及と拡大は、教育関係という観点からみると、2 つの問題をもたらしました。ここではそれを教育関係の貧困化と呼ぶことにしましょう。第 1 の貧困化は、教育の場が学校に集中するようになったことです。学校が自律的な教育施設として機能すればするほど、学校は社会から隔絶され遊離していきました。そして、**I. イリイチ**（Illich, I.）が指摘したように、学校という制度による教育こそが正統で価値あるものだと考えられるようになりました（イリッチ 1977）。その結果、学校以外の家庭や地域社会における多様な人々とのかかわりを通して子どもが成長するという事態が、ともすれば軽視されました。

　第 2 の貧困化は、教育機能を一手に引き受けるようになった学校においては、教育関係の様態が単一的で、重層性に欠ける傾向があったということです。そこでの教育関係は、教師が大人数の生徒に対して教科書を中心に伝達し説明するという様式に閉じ込められがちでした。**N. ルーマン**（Luhmann, N.）に従って、授業場面での**教師－生徒関係**の特徴を 5 つの点から説明したいと思います（ルーマン 1992）。

①非対称性：教師は生徒を教育するが、それと同じ意味で生徒が教師を教育することはない。

②人数配分の不平等：1人の教師に大人数の生徒が配分される。

③コミュニケーションの時間配分の不平等：教師は一人ひとりの生徒よりも話す時間が長い。たいていの授業では、クラス全体の生徒の発話時間を合わせても、教師の発話時間を超えることはない。

④子どもの平等性：教師と生徒のあいだには②と③のような不平等がある一方で、生徒同士の関係は身分にかかわらず平等で、それゆえ教師は生徒を比較し評価することが可能となる。

⑤あらかじめ方向づけられたコミュニケーション：教師が教え生徒が学ぶべき内容は、あらかじめカリキュラム等によって定められている。

　ルーマンによれば、学校の授業という相互行為の場でもっとも顕著な特徴は、①の非対称性です。教師と生徒の相補的であるが非対称的な役割構造によって、教師は1人で多くの生徒を管理でき、生徒よりも圧倒的に多くの時間話し、生徒の学習成果を評価することが可能となります。生徒の側からすると、教科の内容を学習すると同時に、そうした学校特有の役割構造を学習することが求められます（鈴木 2021）。

　こうした特徴をもつ教師と生徒との関係は、教育の主体である教師が客体としての生徒に働きかけるという技術的関係になる傾向がありました。そこでは生徒はいわば教育的操作の対象と見なされることになります。その意味では、教師中心の教育関係と言えるでしょう。

3. 教育関係の編み直し（1）：学校外への拡張

　こうした2つの教育関係の貧困化が問題として明確に意識されるようになったのは**新教育運動**においてです。新教育とは19世紀末から20世紀初頭にかけて国際的に展開された教育改革の理論と実践の総称です。時期的にはまさに学校制度が整備されていった時代です。学校教育が拡充されていく先進諸国において共時的に、近代学校の問題が批判的に検討されました。新教育の理論と実

践は国や地域によってさまざまな特色があるため、ひとくくりにすることはできませんが、ここでは非常に多様で実験的な理論と実践が展開されたドイツを中心に具体的に見ていきましょう。

　教育関係の貧困化の１つめの問題、すなわち教育が学校に集中し、子どもの成長に関わる学校外での多様な関係が軽視されたという問題は、新教育において どのように扱われたのでしょうか。

　ドイツ新教育において学校外の教育に関して注目されるのは、**ワンダーフォーゲル**を中心とする**青年運動**です。ワンダーフォーゲルは日本では高校や大学のクラブ活動にもなっていますが、もともとは 1890 年代にドイツのベルリン郊外にあるギムナジウム（大学進学を前提とする中等学校）の生徒たちが休日に始めた野外活動でした（上山 1986）。ワンダーフォーゲルを直訳すると「渡り鳥」。気の合った青少年がテントや鍋をリュックに背負い、ギターをかかえ、民謡を歌いながら、山野を渡り歩きました。夜はキャンプファイヤーを囲んで踊ることもありました。最初は中流階層の男子が中心でしたが、またたく間にドイツ全土のさまざまな階層の男子や女子にも広がりました。学校教師の関与は少なく、基本的に青年による自己教育の活動でした。

　学校外の青年運動は学校教育にも影響を与えました。先に見た通り、歴史的に旅と教育は深く結びついていましたが、学校制度が整備される過程で、旅は学校の教育課程から排除されていました。そうした旅が新教育の学校において再び注目されるのです。その形態はさまざまでした。

　田園教育舎という私立の寄宿制中等学校では、青年運動を経験した教師が数多くいたこともあり、ワンダーフォーゲルさながらに小グループに分かれてテントをかついで、１週間程度の徒歩旅行が行われました。ハンブルクの**リヒトヴァルク校**やドレスデンの**デューラー校**といった大都市の公立中等学校では、鉄道や船を使って生徒が国内外の土地を訪れ現地の生徒や住民と交流しました。公立の初等学校でも、徐々に徒歩旅行が行われるようになりますが、課題は宿泊施設の確保でした。そのために **R. シルマン**（Schirrmann, R.）という教師が開始したのが**ユースホステル運動**でした。

図3-2 オーデンヴァルト校の徒歩旅行（渡邊 2016）

　いずれの実践においても、学校を飛び出して多様な人や自然や文化と直接出会うという経験が重視されました。ただし、そこでめざされたのは、単に学校外で新しい経験をすることだけではありません。地理、歴史、理科、外国語といった学校内の学習と、現地を訪れての学校外の経験とを相互に関連させることが意図されていました。また、旅の途中で怪我や病気、悪天候といった予測不能な事態が生じることもありますが、それへの臨機応変な対応もまた意味ある経験と見なされました。

4. 教育関係の編み直し（2）：技術的関係を超えて

　つぎに、教育関係の貧困化の2つめの問題、すなわち学校での教育関係が授業場面での教師と生徒の技術的関係に限定される傾向にあったという問題についてはどうでしょうか。

　ドイツ新教育では、学校を共同体として再構築しようとする試みが広がりました。**共同体としての学校**では、生徒は授業場面での教師との関係だけでなく、学校生活のさまざまな場面で多様な生徒やおとなとかかわりをもちました。田園教育舎系の学校の1つで、徹底した男女共学などのラディカルな実践で知られる**オーデンヴァルト校**では、「学校共同体」と呼ばれる全校集会が定期的に開催されていました。そこには学校に属するすべての教職員と生徒たち

が参加して、学校運営にかかわるさまざまな規則や役割を議論して決めていました。寄宿舎での生活では、**ファミリー制**といって、1人の教師ないしは一組の夫婦の教師と7〜8人程度の生徒が疑似家族を形成して共同生活を行いました。授業は科目ごとに年齢や性別によらない小集団で行われました。学校でのさまざまな活動場面ごとに多元的で重層的な人間関係が形成されていたと言えます（渡邊 2016）。

　授業内外の教師−生徒関係においては、生徒を教師にとって操作可能な客体と見なすことなく、あくまでも生徒の主体性に準拠しつつ、しかも生徒への教師の教育的な働きかけを放棄しないような教育関係が模索されました。授業外について言えば、たとえば先ほどのオーデンヴァルト校では、学校の全構成員が学校運営に対して共同責任を負うという理念が掲げられていました。それゆえ、全校集会への出席は義務づけられていましたが、そこでは教師も生徒も対等に質問し意見を述べることが認められており、議論の結果、校長の意見ではなく生徒の意見が採用されることもありました。教師の意図を超える結果も許容するような教育関係であったと言えます。

　また授業場面では、たとえば**エッテスルブルク田園教育舎**や**マリーエナウ学校共同体**の美術教育においては、有機体としての制作主体（生徒）がマテリアル（色彩や形や素材）と出会うことを通して新しいシンボル（意味）が生成するような実践がめざされました（眞壁 2020）。いずれにおいても、教師は生徒の学習の直接的な組織者ではなく、生徒一人ひとりがそのなかで固有の学習を展開することのできる学習・生活環境の組織者という役割を果たしました。このような新教育の際立った実践においては、強制にも放任にも堕すことなく、また誘導にならないような教師のかかわりが意識されていました。

第3節　実践に向けて──今日的課題としての教育関係

　教育は人なり、という最初のことばに戻りましょう。今日では教育とは学校教育を指し、人とは教師が想定され、教育の成否を左右するのは教師だという

意味で使われます。それは決して間違いではありません。しかし教育のすべてを学校を前提にして語ることには注意が必要です。本章で見てきた通り、学校のない社会では共同体における見習いによる模倣を通して知識や技能が伝達されていきました。意識的に教える−教えられるという関係は成立しておらず、子どもの学びに向かう姿勢こそが教育関係の鍵になっていました。その際、マイスター制度の遍歴修行や教養小説のように、旅がもたらす多様な関係は人間形成の契機として重視されていました。

　近代に成立した学校は、それまでの教育関係を劇的に変化させました。学校は多様な人間集団のなかから特定の年齢層の子どもをすくい取り、彼らに対してプロの教師が意図的、計画的に教育を行うことになりました。それによって教育関係が合理化されたと言えますが、同時に２つの意味で教育関係の貧困化を引き起こしました。一つは、教育が学校に集中し、子どもの成長に関わる学校外の多様な関係が軽視されるようになったことです。もう１つは、学校での教育関係が授業場面での教師−生徒の技術的関係に限定される傾向があったということです。

　学校における教育関係の貧困化という問題が認識され、解決が試みられたのは新教育運動においてでした。本章ではドイツの事例をいくつか紹介しましたが、そこで試みられたことを簡潔に言えば、第１に子どもの成長につながる学校外の多様な人間関係をあらためて視野に入れることであり、第２に学校を１つの共同体と見なして、そこで織りなされる教師と生徒の教育関係を多元的で重層的なものにした上で、教師−生徒関係においては、生徒を教師にとって操作可能な客体と見なすことなく、あくまでも生徒の主体性に準拠しながら、しかも生徒を放任することなく教師が教育的な働きかけをすることでした。

　こうした試みがすべて成功したわけではありませんし、新教育のすべての学校で実践されたわけでもありません。しかし、新教育の叫ばれた時代からほぼ１世紀が経った現在の日本においても、教育関係の貧困化という問題は決して解決済みではありません。とすれば、新教育が対峙した問題は、私たちの問題でもあり、教育関係の貧困化を克服しようとした新教育の試みは、私たちにも

多くの具体的なヒントを与えてくれるのではないでしょうか。

　最後に、今日の教育関係を考える上で、3つ補足しておきたいことがあります。1つめは、オンラインでの教育関係についてです。ICT の進展によって、フェイス・トゥ・フェイスの関係に加えて、インターネットを介したオンラインでのかかわりが可能となりました。「いま、ここで」の対面の関係でしか伝えることのできない個人や集団の雰囲気や機微がありますが、時間と空間を超えて可能となる教師と生徒の関係、生徒同士の関係、そして学校外の人々との関係は魅力的です。オンラインでの教育関係の可能性と限界を検討することは、今後の重要な課題と言えるでしょう。

　2つめは、家庭での**親子関係**についてです。学校制度の興隆に伴って家庭で親が担ってきた教育の役割は縮小してきました。今日では食事のマナーや挨拶の仕方といった生活面での指導まで学校に期待されています。他方で、子どもにとって親は、物心がつくずっと前から、無意識のうちに模倣の対象として多くの影響を与える存在です。その意味では、学校の教師よりも親の影響力の方がはるかに大きく、根底的です。子どもの性格や生活態度に深く根をおろしている家族の影響が、学校での子どもと教師の関係のむすび方を左右している側面もあります（宮澤 2004）。親子関係が歴史的にどのように営まれてきたのか、また現在の多様化する家族のなかで親子関係がどのように変化し、それがどのような特色をもつのかを、学校での教師−生徒関係と関連させながら検討することもまた、重要な課題です。

　3つめは、人以外の教育関係についてです。本章では教育関係を主に人と人との関係にしぼって検討してきました。しかしクララが子ヤギとかかわるなかで精神的な成長を遂げたように、身近なペットや野生の生き物との関係が子どもに大きな影響を与えることがあります。その意味で子どもの成長にかかわるであろう自然（動植物や海、山、川など）、さらには異界や死にまで視野を広げて教育関係を検討することが大切です（高橋他 2004）。教育は人なり、ではなく、教育は関係なり、と言えるかもしれません。

（渡邊　隆信）

演 習 問 題

(1) 本章では、子どもはどのような関係において育つのかを歴史的に考察してき
　ましたが、そもそも関係という視点から教育について考えることの意義は何で
　しょうか。
(2) 図書館や書店で自伝本を 1 冊さがして、読んでみてください。主人公の子
　どもや若者はどのような関係のなかでどのように育ってきたでしょうか。

【参 考 文 献】

阿部謹也（1978）『中世を旅する人びと―ヨーロッパ庶民生活点描』平凡社.

石附実（2005）『教育における比較と旅』東信堂.

イリッチ, I.（1977）東洋他訳『脱学校の社会』東京創元社.

上山安敏（1986）『世紀末ドイツの若者』三省堂.

鈴木篤（2021）「ニコラス・ルーマンの学級論に関する検討――非対面型授業の対面型学校教育へ
　の代替可能性と限界」, 日本教育学会編『教育学研究』第 88 巻第 1 号, 1-13 頁.

杉尾宏編（2011）『教育コミュニケーション論――「関わり」から教育を問い直す』北大路書房.

シュピリ, J.（2006）関泰祐他訳『アルプスの少女ハイジ』角川書店.

高橋勝・広瀬俊雄編著（2004）『教育関係論の現在――「関係」から解読する人間形成』川島書店.

原ひろ子（1979）『子どもの文化人類学』晶文社.

ルーマン, N.（1992）下地秀樹他訳「教育が可能であるとはどういうことか?――教育科学の科学
　社会学的分析」, 東京大学教育学部教育哲学・教育史研究室編『研究室紀要』第 18 号.

眞壁宏幹（2020）『ヴァイマル文化の芸術と教育――バウハウス・シンボル生成・陶冶』慶應義塾
　大学出版会.

宮澤康人（2011）『＜教育関係＞の歴史人類学――タテ・ヨコ・ナナメの世代間文化の変容』学文社.

文部科学省（2016）『魅力ある教員を求めて』https://www.mext.go.jp/a_menu/shotou/miryoku/
　03072301.htm（最終閲覧 2022 年 2 月 21 日）

渡邊隆信（2009）「教育関係論の問題構制」, 教育哲学会編『教育哲学研究』第 100 号記念特別号,
　174-190 頁.

渡邊隆信（2016）『ドイツ自由学校共同体の研究――オーデンヴァルト校の日常生活史』風間書房.

● 第I部　ワークショップ ● ●

1. 調べて、考えてみよう

① 1947 年の発行から約 10 年ごとに改訂されている学習指導要領の特色をそれぞ
れ調べ、さらに教える・学ぶという視点からそれぞれの学習指導要領を特徴づ
けてみましょう。

発行・改訂年	特色	教える／学ぶの視点からみた特徴
1947（昭和 22）年		
1958 〜 1960 （昭和 33 〜 35）年		
1968 〜 1970 （昭和 43 〜 45）年		
1977 〜 1978 （昭和 52 〜 53）年		
1989（平成元）年		
1998 〜 1999 （平成 10 〜 11）年		
2008 〜 2009 （平成 20 〜 21）年		
2017 〜 2018 （平成 29 〜 30）年		

2. 議論して、発表してみよう

2018 年度から順次スタートした学習指導要領では、主体的・対話的で深い学び
（アクティブラーニング）の視点から学習過程や授業を改善することが求められてい
ます。これに対して、学び教える世界と教育の世界という論点（第 1 章）、学び＝遊び
という論点（第 2 章）、教育関係論（第 3 章）からどういった課題をそれぞれ見出すこ
とができるでしょうか。

3. 教育学的思考を育むための文献紹介

①ジョン・デューイ（1975）松野安男訳『民主主義と教育（上・下）』岩波書店：
「成長は経験の絶えざる再構築によって生じる」という考えに基づいて、教育だけ
でなく人間や社会のあり方までをも問い直す教育学の古典です。

②西岡常一（1993）『木のいのち木のこころ〈天〉』草思社：「最後の宮大工」とも称
される著者が木と向きあうなかでたどり着いた木と人の思想。名匠が語る一つひと
つのことばが私たちの教育観を揺さぶります。

③辻本雅史（1999）『「学び」の復権――模倣と習熟』角川書店：昔の教育には問題
があり、今の教育こそが最良と思っていませんか。本書は江戸時代の学びの姿を描
くことで、こうした考えに一石を投じます。

④佐伯胖監修・渡部信一編（2010）『「学び」の認知科学事典』大修館書店：哲学・
心理学・言語学・脳科学など複数の研究分野にまたがる学び研究を俯瞰した 1 冊
です。学びに関する各分野の研究動向を知ることができます。

⑤イディス・コッブ（2012）黒坂三和子・村上朝子訳『イマジネーションの生態学
――子ども時代の自然との詩的交感』新思索社：子どもが遊ぶときそこでは何が生
じ、それは成長にとってどういう意味をもつのか。遊びと創造という観点から自然
と文化の関係を問い直す 1 冊です。

⑥ゲルノート・ベーメ（2018）河村克俊監訳『新しい視点から見たカント「判断力
批判」』晃洋書房：『判断力批判』で展開される議論の要点を、議論そのものではな
く、そこで取り上げられる実例の分析を通して明らかにする異色の 1 冊です。

⑦佐藤学監修・ワタリウム美術館編集（2011）『驚くべき学びの世界――レッジョ・
エミリアの幼児教育』東京カレンダー：イタリアの小都市であるレッジョ・エミリ
アで生まれたアートを中心に置く幼児教育法について、その具体的内容が写真とと
もに紹介されています。

⑧ピーター・グレイ（2018）吉田新一郎訳『遊びが学びに欠かせないわけ――自立
した学び手を育てる』築地書館：遊びと学びの関係性を狩猟採集民という着想から
問い直しています。

⑨坂越正樹監修・丸山恭司・山名淳編著（2019）『教育的関係の解釈学』東信堂：古
くて新しい「教育的関係」という視覚を通して、教育の現在を問い、新しい領野を
切り開く挑戦的な 1 冊です。

4 学校は必要か？

学校の存在意義について

2020年3月、新型コロナ対策の一環として、小・中・高等学校が一斉に休みとなりました。学校に行かなくてよい日々を過ごしてしまった私たち。自宅でオンライン授業を受けた人たちもいたかもしれません。インターネットが普及する今日、学習は、もはやオンラインでできるのではないでしょうか。であれば、学校にわざわざ「通う」意味はいったいどこにあるのでしょうか。10歳で小学校に通わないYouTuberゆたぼんは語ります。「もうすぐ夏休みが終わるけど、これだけは言いたい。死んだらあかん。…（中略）…不登校の子どもは14万人以上いる。去年、600人の子どもが死んじゃってるんですよ。学校に行きたくないのに親が無理やり行かして」と。たしかに、小学校に行かない子どもが増えれば、不登校で自死する小学生の数自体は、減るのかもしれません。学校は必要ないのではないでしょうか。もしあるとすれば、その存在意義はどこにあるのでしょう。

【自分の考え】

【そのように考えた理由】

第1節 「脱学校論」からみた学校

　ゆたぽんよりもはるか以前の1970年代に、学校が子ども本来の学びを保障できていないという理由で、学校を批判した人がいます。オーストリア生まれの哲学者・歴史家、I.イリイチ（Illich, I.）です。彼によれば、（子どもの学習を保障しなければならないはずの）学校により、子どもが本来有する自発的な学習は、むしろ阻害されると言います。ではわれわれは、子ども本来の興味や、それに基づく学習を取り戻すために、どうすればよいのでしょうか。以下、彼の主張を見てみましょう（イリッチ1977）。

　学校という制度が、人々の幸福につながることはありません。現代社会において、人間は生活に必要ない物やサービスを生み出し、環境を破壊し、滅亡に向かって進んでいます。学校制度をなくしましょう。学校制度は、そうした社会を支えています。というのも、無駄な需要を必要と勘違いさせる学校が、諸悪の根源だからです。人は学校でのサービスの消費に慣れてしまい、官僚制度に従順となり、本来自分でできることすら頼るようになってしまいます。こうした環境に悪い欲望と期待を捨て、官僚主導のサービス依存から抜け出さないと、人類は滅びます。よって学校は廃止されなければなりません。学校がなくなったとしても、困ることはありません。学校がなくても教育は成立するからです。

　こうしてイリイチは、学習ネットワークを活用した脱学校化を提案します。これにより、人々は必要な知識をそのつどそれを提供できる人に求めることができます。

　新型コロナ対策の一環として、学校が休みになった時、こうしたイリイチのコンセプトは、インターネットによって部分的に実現されてしまいました。（ただ、イリイチの時代にインターネットはこれほど普及していなかったため、ここまでのインターネット学習は当時、想定できなかったかもしれませんが）。あの時、「学校にいる時よりも、自分のペースや興味に合わせることができ、自発的に学べてよかった」と感じた人もいたかもしれません。

第**2**節　「相互行為舞台」としての学校

1. 役割 (距離) 演技の場としての学校

　以上のようなイリイチの主張には頷ける部分もあります。だからといって、「学校は必要ないので、廃止しましょう」と結論づけてしまってよいのでしょうか。

　ここでアメリカの社会学者、E. ゴッフマン (Goffman, E.) の視点を取り上げましょう。彼によれば、私たちの日常生活は、演劇と似た構造 (強調されたり、省略されたりすることばのやりとりからなる) をしていると言います。たとえば、私たちは、人とのやりとりのなかで理想的な自己を演じます (自己の、理想的な側面を強調するようなパフォーマンスを行います)。「パフォーマンス (performance)」とはゴッフマンによれば「ある特定の機会にある特定の参加者がなんらかの仕方で他の参加者のだれかに影響を及ぼす挙動の一切」を意味します (Goffman 1959, p. 15)。逆に、(それまでの自分のパフォーマンスを壊してしまうかもしれないような) 否定的な自己の側面には、あえてふれられません。それまでの**相互行為**をかく乱するような情報は伏せておかれます。

　実際、ゴッフマンのこの視点を用いて、私が京都やベルリンの小学校を訪問し、参与観察を行った時、つぎのような場面が見られました。京都の小学4年生のあるクラスでは、学級集団は状況に合わせ、班、係、日直、仲良しグループ、クラブ活動の仲間たち、女子グループ・男子グループ、といった子ども集団に分かれていました。朝の会が行われる場面で、子どもたちは、「児童」という役割を演じながら、その日、日直に当たれば、「日直」の役割を演じていました。「役割 (part, routine)」とは、ゴッフマンによれば、「状況に依存した、あらかじめ規定された行為のモデルであり、それは、パフォーマンスや他の機会に示され、演じられるもの」(Goffman 1959, p. 16) ですが、朝の会の序盤、彼らは、京都の方言とは異なる標準語で、朝の会の司会を行い、「これから朝の会を行います」、「おはようございまーす」などの「セリフ」で、ほかのクラスメートが朝の挨拶をするのを導いていました。これにより導かれた、それ以外

の子どもたちは、日直の挨拶とまったく同じリズムで「おはようございまーす」と述べていました（朝の会の舞台を、日直とともに演出）。

またある日、その日の日直に当たった女児が、朝の会の最中に一時、教室から外に出る（廊下・女子トイレへ向かう）というアクシデントがありました。彼女は教室に戻ってくると、すまなそうな表情をほかのクラスメートたちに見せていました。この表情には、ゴッフマン的に言えば、それまでの朝の会という相互行為を司会として続けられなかったことへの「謝罪」が表現されていました。

さらに、京都の小学4年生のクラスでは、ある児童3人が黒板前に立ち、「遊び係」として、昼休みに皆で行う遊びを、全員で話しあって決めていました。その際、つぎのような場面がありました。

以下では、4年1組の「朝の会」の場面から、とりわけ豊富なパフォーマンスが見られた「遊びの鬼を決める」という小さな儀礼を取り上げます。

【遊びの鬼を決める儀礼】

「朝の会」のプログラムの最後に「遊び係」の男子3人（話しているのはs君）が現れる。つぎの場面は、日直がスピーチを行った後、教師Kが遊び係に進行役を委ねるところから始まる。

K「遊び係のみなさん、よろしくお願いします。」

遊び係の3人、黒板の前中央に出る。

s「今日の昼休みに『手つなぎ鬼』をします。鬼になりたい人、手をあげてください。」

一向に手があがらない。s、自分の席に戻り、1枚の紙（おそらくいろいろな遊びの書かれたものか）を取り出し、見る。その紙を再び机のなかに直し、黒板前に戻る。

s「（座席に向かって）ちょっと今、タイム」

s、黒板の前で皆に背を向け、ほかの2人と円になって肩を組み、上半身を互いに前へ傾けた状態で話しあう。しばらくしてから、s、再び座席の方に向く。

s「今日の昼休みに『こおり鬼』をします。鬼になりたい人、手をあげてください。」

10人ほどの手があがる。

s「ジャンケンをしてください。」

10人ほどの児童「最初はぐーっと出すみーのもんたっ。」
　　この後、しばらくジャンケンが続く。
　　u「鬼はvとwとxです。」
　　u「ほかに何かありませんか。これで終わります。」

　まず、教師Kはみずから司会を行いつつも、進行役を一時的に「遊び係」に委ね、それによって「チーム（team）」とそれを取りまく「オーディエンス（audience）」を作り出していました。ゴッフマンの言う「チーム」とは、「オーディエンス」に対して特定のリアリティの維持に協力する1組の人々を指します。（Goffman 1959, p. 22）。とりわけこのシーンではs君が、「舞台装置（settings）」である彼の机や取り出された紙といった「小道具」を操作するので、彼と彼に協力するほかの2人の「遊び係」が主導的なパフォーマンスを行ったと言えます。「舞台装置」とは演じられる背景や小道具となる家具・装飾品・物理的配置・物などを指します（Goffman 1959, p. 22）。

　「チーム（遊び係）」と「オーディエンス（クラスメート・担任教師・教室後ろの方に座る私）」とのこういった相互行為は、上記事例以外の「朝の会」でも常に見られました。このシーンでは話しあいの内容を見てもその形態を見ても、完全に「休み時間モード（休み時間のように皆が自由に遊んでいるという特徴があります）」が支配的となっており、このまま授業にうまく「通過」できるのだろうかという印象を受けました。しかし儀礼的な相互行為で締めくくられることによって、この組の「朝の会」は子どもを単に「学習共同体（集団）」としてのクラス集団へ組み込むだけではなく、「（昼休みの）遊びの共同体」としてのクラス集団へ統合する機能も果たしていました。重要なのは、その日の遊びの鬼を「皆で決める」ということなのです。この相互行為は反復され、このような形でクラスという共同体の形成に役立っているため、「遊びの鬼を決める儀礼」と名づけることにしました。

　主導的なパフォーマンスを行う「チーム」のなかでも、会話の内容を見ても発話数を見ても、もっとも重要な役割を果たすのはs君でした。彼は「どのように」遊びの鬼を決めたのでしょうか。興味深いことに上のシーンで、この日

の遊びは多数決で決められるのではなく、鬼を希望する者がいるか否かで決められました。s君は最初「手つなぎ鬼」を提案し、鬼を決めようとしました（s「今日の昼休みに『手つなぎ鬼』をします。鬼になりたい人、手をあげてください」）。しかし、鬼の希望者はいませんでした。であれば、ジャンケンで負けた人が鬼になる、あるいは遊び係が代わりに鬼になるといった方法が通常考えられます。しかし、s君はそういった方法をとりませんでした。「手つなぎ鬼」自体に異議が唱えられたわけではないにもかかわらず、鬼が決まらないという理由で、遊び自体をほかのものに替えていたのでした。

　もう一度s君の発言に着目してみましょう。「鬼になりたい人、手をあげてください。」このs君の発言でおそらく重要なのは、鬼に「なりたい」児童がいるかどうかなのであって、逆に言えば、望まない児童に鬼をさせるわけにはいかないのでしょう。ここでs君は、しぶしぶ鬼になる児童を1人でも作らないことを最優先しています。このような形でs君は、児童間の争いの芽をあらかじめ摘み取り、共同体の平穏を維持しようとします。こうして「手つなぎ鬼」に代わるものとして提案されたのが「こおり鬼」です。実際、10人ほどの希望者が手をあげました。これで誰にも鬼を強いてはいません。

　ここでs君のパフォーマンスに着目してみましょう。彼は「ちょっと今、タイム」と言って黒板前で皆に背を向け、他の2人と円になって肩を組み、相談していました。このパフォーマンスは何を表しているのでしょうか。

　すでに述べたように、ゴッフマンの言う「チーム」とは、「オーディエンス」に対して特定のリアリティの維持に協力する1組の人々のことでした（Goffman 1959. p. 22）。上のシーンのパフォーマンスで維持される特定のリアリティとは、彼らがクラス遊びについて懸命に考え、知恵を出しあっているというイメージです。ここで3人は、熱心な「遊び係」をともに演じる「チーム」として共同体を創り出します。彼らが遊びを決めないかぎり、昼休みのクラス遊びが成立しないという意味で、「チーム」を核として「遊びの共同体」が形成されていると言えます。

　さらにゴッフマンによれば「局域 region」とは、「知覚にとって仕切りにな

るもので、ある程度区画された場所」のことで、「表舞台」では活動のいくつかの側面が引き立つように表現され、人に抱かせた印象への不信を招くような別の側面は抑制される」のに対し、「舞台裏」ではその「抑制された事実が現れ」、パフォーマーは寛ぐことができるとされます（Goffman 1959, pp. 111-112）。

であれば、上のシーンでs君が「オーディエンス」に背を向けることで知覚上の仕切りとなっていること、「遊び係」の話す内容が「オーディエンス」にはわからないことから、彼らが「舞台裏」を作り出したと言えるのではないでしょうか。

たしかに上のシーンでs君の「タイム」ということばは、ボクシングなどのスポーツで、選手とコーチとのあいだで作戦が練られる時に用いられるものです。このことばは、仲間内の秘密の作戦が「舞台裏」で話しあわれるというニュアンスをすでに含んでいます。そこでは前後の文脈から考えれば、鬼の見つかりやすそうな遊びを探しているのだろうと想像はつくものの、本当のところは「オーディエンス」にわかりません。

しかし、彼らが「舞台裏」で役から離れ、寛いでいるというわけではありません。というのも「ちょっと今、タイム」というs君のことばはいかにも「舞台」で発せられる「台詞」のようですし、スクラムを組むという彼らのジェスチャーも演技過剰の印象すら受けるからです。やはりそこはいまだなお「表舞台」です。ただ、そこでの演技が「舞台裏めいた」ものであるにすぎません。ゴッフマンによれば「表舞台」では「活動のいくつかの側面が引き立つように表現され」るということでしたが、ここで彼らは「遊び係」として皆のために真剣に話しあう姿を際立たせて表現しています。

言い換えれば彼らはここで、「劇的具象化」（ゴッフマン）を行っています。それによれば、「他者の前にいるとき、エゴは自分の挙動に様々な記号を付与する。記号は〔際立たせたり輪郭を与えなければ〕目立たず漠然としたままであり続けたかもしれない〔彼の社会的地位の〕あかしになるものを、劇的に際立たせ、それに輪郭を与える」のです（Goffman 1959, p. 30）。この場面で彼らがその挙動に与えた記号とは、「ちょっと今、タイム」というs君のスポーツマン的なことばであり、他の者が入り込めないほど堅く肩を組むという、排他的な

ジェスチャーです。こういった記号によって彼らは「遊び係」という社会的役割を劇的に際立たせ、彼らが専門的で、役割にもっとも適しているという印象を「オーディエンス」に与えるのです。

　ゴッフマンのことばで言えば、彼らは、後で述べる役割距離とは逆に、完全に役割を「受け入れ（embracement）」ています。「受け入れ」には「役割を遂行するための適格性と能力の証明」が含まれますが（Goffman 1961, p. 106）、上述のパフォーマンスはまさにこれを行うものであったと言えます。

　以上「遊びの鬼を決める儀礼」では、望まない児童に鬼をさせないことが最優先されており、それが「遊びの共同体」維持のための秘訣となっていました。ここで「遊び係」の3人は、彼らが熱心に仕事を行う印象を与える「チーム」を形成しており、それを核としてクラスの「遊びの共同体」は成立していました。とりわけ彼らはパフォーマンスを通し「劇的具体化」を行っており、彼らの「遊び係」としての専門的資質を強調して表現していました。この時彼らは「遊び係」という役割を完全に「受け入れ」ており、彼らの「舞台」上での「舞台裏めいた」演技には、役割に必要な適性や能力が表現されていました。

　手つなぎ鬼の鬼をしてくれる児童がいないか尋ねたものの、誰からも手があがらなかった彼らは、「舞台」の上（黒板前）で、「スクラム」を組むようなしぐさで、「密談（他のクラスメートや、参与観察を行っていた私にはその話の内容はわからない）」していました。そのポーズは、まるでほかの児童が、安易に立ち入ることを禁止するかのようでした。ゴッフマン的に言えば、みずからがその役（遊び係）に適していることを教師やほかのクラスメートに示すために、「遊び係」の役を（その役に「没頭」して）演じていた、ということになります。このように、児童生徒が演技を行うのは、なにも学校だけではありません。家に帰れば彼らは、それまで身につけていた「児童生徒」という「仮面」を外し、家族の前で、「子ども」（「娘」や「息子」）を演じます。さらに翌日、再び「児童生徒」という「仮面」や「衣装（児童らしい服装）」を身につけて、彼らは登校します。制服（標準服）という、その学校の児童を演出するのに最適な「衣装」がある学校も少なくありません。

さらに演技をするのは、児童生徒だけではありません。教師もまた、そのパフォーマンスを、その時見ている集団（「オーディエンス」）が期待するような「役割」に則し、「教師」という役を演じます。そして、家庭に戻れば、多くの場合「教師」という「仮面」を取り、「夫」や「妻」、「父親」や「母親」といった役割を演じます。そして翌日、再び登校すれば、教師の「仮面」や「衣装（教師らしい服装）」を身につけ、児童生徒の前で教師らしいふるまいをするのです。

　もちろん、児童生徒や教師らしくない演技がなされることもあります。この時、その児童生徒や教師は、その「役割」から「距離」をとっているということになります（「役割距離 role distance」Goffman 1961, p. 137）。日々、相互行為中に望ましい役割を演じることにストレスが感じられるため、自分は「児童・教師の役割にはそれほど没頭していませんよ」ということを、他の相互行為メンバーに示すパフォーマンスです。これからも問題なく、相互行為を続けていくために、時にこうしたメンバーの息抜きが集団には求められます。このような「役割距離」演技を見た、相互行為グループのほかのメンバーは、これにより、これ以降も続けてみずからの役割に没頭できます。相互行為にはこうしたガス抜きのメカニズムがあるのです。

2. 相互行為秩序を維持する場としての学校

　以上のような演劇用語を用いた（ある意味わかりやすい）ゴッフマンの『行為と演技』により、彼は一躍有名人となりました。実際、ドイツでも教育哲学者、ヴルフ（Wulf, Ch.）が、社会学者ゴッフマンの、このような「演出」という見方（「ドラマトゥルギー」と呼ばれる）を、学校儀礼研究に導入しています。

　他方で、ゴッフマン自身が生涯にわたって関心があったのは、実は演劇用語それ自体ではなかったという説があります。たとえば櫻井（櫻井 1999, 95 頁）は、『行為と演技』にみられる「印象操作」から『アサイラム』にみられる精神病院の「全制的施設」まで、一見さまざまなテーマを扱うゴッフマンの全著作のベースに、彼の「相互行為秩序」への関心があったこと、（初期の『行為と演技』の著作で一躍著名となった）ゴッフマンの興味関心が、実は演劇用語によっ

て解釈するドラマトゥルギーにあったわけではなく、あくまで「相互行為秩序」にあったことを指摘しています。それによれば、ゴッフマンの問題意識の核にあったのはむしろ、相互行為のなかで「道徳的な共同体がどのように維持されるか」というテーマであったと言います。

　では、ゴッフマンのいう「道徳的」とはどのような意味なのでしょうか。それを考えるには、まず、つぎのように問う必要があります。「そもそも私たちは相互行為のあいだ、なぜあのような『演技』をしてしまうのか」、と。ゴッフマンによれば、私たちは、「あなたの面子（face）を重んじていますよ」というメッセージを相手に伝え、また相手からも伝えてもらうためであると言います。これにより人は、引き続き相互行為を行うのに、自分が信頼に値する人間であることを相互行為の相手に伝えると言います。相互行為グループに存在する、こうしたメカニズムがゴッフマンの言う「フェイスワーク」です。

　ここで、近代以前の社会について考察したデュルケムの論を紹介しましょう。彼は『宗教生活の原初形態』で、オーストラリアの氏族社会の構造を考察しました。そこで指摘されたのは、聖なるものとしての「トーテム（動植物や自然物や自然現象とのあいだに特別な関係があるとする信仰や制度）」を中心として「諸種の儀礼が執り行われ、人々の社会生活が聖なるものをめぐる宗教表象によって営まれている」ということでした。またこの「社会の成員は、様々な儀礼を通して自分たちをトーテムの子孫であるとイメージしており、それ故、自分たち自身もまた……（略）……聖なるものであると考えてい」たと言います（櫻井 1999, 98 頁）。さらに、私たちが生活する近代社会でも根底のところでは変わらないとデュルケムは述べます。「近代社会は『分業』化が極限まで進んだ社会」ですが、「分業が進展すればするほど人々はそれぞれに異なった意識内容をもつようになり、人々の間に共有される要素はますます少なくなってい」きます。ついに「全成員のあいだに、すべてが人間であるということ以外にはもはや共通の要素がなに一つ共有されないような時期がやって」きます（Durkheim 1897=1985, 425 頁）。すると、人間であることに高い価値が見出されるようになり、人格は「一つの宗教的な性質をおびるようにな」ります（Durkheim

1897=1985, 425頁）。ゴッフマンはこうしたデュルケムの視点を受け継いでいます。人間こそが神のような存在となったため、相互行為のあいだ、相手の神聖な人格、「顔（face）」を壊さないようなパフォーマンスが求められるのです。

　ゴッフマンによれば、私たち人間には、相互行為中、相手と協力して守られるべき神聖な「面子、面目、顔（face フェイス：ゴッフマンは中国の面子概念を、みずからの相互行為儀礼概念の中心に据える）」があるが、私たちは「自分の面子を特別なもの」と考えています（Goffman 1972, p. 6）。そもそも、人間の相互行為には無意識のうちに守られる秩序があり、それを守るためのルーチンワーク（「相互行為儀礼」）が存在します。万が一この秩序が守られない場合、相互行為を行うメンバーである私たちは、恥を感じたり、困惑したり、焦燥感に駆られたりします。また、この規範を破った者には「恥知らず」や「心が冷たい」といった否定的な評価が下され（Goffman 1972, p. 6）、その失敗を修復する作業が相互行為内で行われることが多いです。こうして、その相互行為秩序が破られたことによってはじめて、私たちはそこに秩序があったことを事後的に認識するのです。

　最初の問いに戻りましょう。学校にもさまざまな相互行為があります。そこではさまざまなフェイスワークが行われています。

　このように考えると、学校は「必要」、とまでは言えないかもしれませんが、家庭や社会といった場と並んで、役割（距離）演技をしたり、（相互行為の相手の面目を壊さないという形で）道徳的な共同体を維持したりする場の1つとして、「有効な」場所であると言えるのではないでしょうか。というのも、学校にはたくさんの、さまざまな「オーディエンス（児童生徒や教員）」がおり、おそらくその分、さまざまな自己を表現し、また、同様に多様な他者との関係を調整する機会が秘められているからです。

 第3節　実践に向けて——地域と家庭の相互行為

ここで、「地域や家庭で十分に相互行為舞台ができるような場が用意できれ

ば、学校は必要ではないのではないか」と、思われる方もいるかもしれません（実際、日本では近代より以前は、学校制度がまだ存在しなかったため、そういった形で地域や家庭で教育が担われてきました。学校の役割が家庭や地域で果たされていた時代があったのです）。では、学校以外の地域や家庭では、どのような相互行為が見られるのでしょうか。つぎに、その点について考えてみましょう。

　たしかに、もし地域と家庭で十分役割演技・役割距離やフェイスワークができるのであれば、学校は必要ないかもしれません。ただ、現在の日本では、少子化や晩婚化が進み、家庭の子どもの数が減っています。私の義理の母は、戦中の「産めよ増やせよ」の時代に生まれましたので、9人兄弟です。現在は平均的に見れば、兄弟姉妹がいない人の方が多い時代となりました。そのため、家庭での相互行為自体がどうしても限られたものとなってしまいます。

　地域についてはどうでしょうか。地域でも、いわゆる「ガキ大将（ドラえもんでいえばジャイアン）」のいる「遊び集団」と呼ばれるものが、ずっと以前から減少しています。地域の子ども会や、祭りの時に活躍する子ども・若者集団も、減少傾向にあるといいます（私も小学生の時、近所の夏祭りで踊ったことがあります）。ひと昔前は、いわゆる「かみなりおやじ」と呼ばれる人が地域におり、何か悪いことをした子どもたちが、こっぴどく叱られるという風景を見かけましたが、そうした風景もずっと以前から、見かけなくなりました。みなさんは「地域や家庭の教育力の低下」ということばを聞いたことがあるかもしれませんが、まさにその現象です。こうした意味でも、やはり学校という場、「舞台」が生起する可能性のある場所は、「有効」と言えるかもしれません。

　最後に思い当たるのは、「はたしてウェブ空間で役割（距離）演技はできないのか」という問題です。残念ながらゴッフマンの時代、インターネットは十分に発達していなかったこともあり、彼はウェブ空間における相互行為を考察の対象にしていません（主に対面での相互行為をテーマとしています）。このため、ゴッフマンの視点から、ウェブ空間における相互行為について探究することは難しいのですが、ゴッフマンの考え方をもとに、現代のオンライン授業でも、私たちがフェイスワークができるかどうかについて考えてみましょう。大阪教

育大学で用いられる ZOOM でのリアルタイムでのオンライン授業で，受講者は、カメラで自分の顔を映し、マイクで自分の声を相手の大学教員に伝えることができます。この時、オンライン授業をしている私たちは、こちらの言ったことばが相手に伝わっているかを相手の顔を見ながら確認します。受講者が頷いていれば、理解したと思い、つぎのテーマに入ります。首をかしげている受講者がいれば、もう一度、別の形で説明します。

しかしながら、なかには講義の最初からカメラをオンにしないで、音声もオフにする受講者もいます。「インターネットの接続が弱い」などの理由で、オフにする理由をこちらに教えてくれる場合、こちらの体面はかろうじて保てるのですが、そういったやりとりなしに、ウェブ授業の最初から最後までカメラがそもそもオフになっている受講者もいます。この場合、「傷つけられた」と感じている大学教員もいるかもしれません。この際、フェイスワークは最初から成立していません。

こうしたウェブカメラによるフェイスワークは、10 ～ 20 名程度の受講者であれば、顔の表情を確認しながら講義を進めることができますが、400 名の講義では一人ひとりの顔を確認することができません。ですから、受講者がどのような顔をしているか、確かめることが難しく、フェイスワークが不確実なものとなってしまいます。

つぎに大学生同士のスマートフォンでのやりとりについて考えてみましょう。大学生同士は、カメラをつけたり、音声をオンにすることなく、LINE などで（絵）文字によって相手のメッセージに同意を示すことができます。ここでは相手の顔が尊重されているため、フェイスワークは成り立っていると言えます。

こうしたオンライン上の大学生同士のフェイスワークは、カメラがない場合、実際には、その学生が舌を出して、アッカンベーをしていたとしても、成り立ちます。この状況——一方で相手の顔をたて、好意的な絵文字をスマートフォンで送りながら、他方でアッカンベーをするというふるまい——は役割演技と、役割距離演技とが同時にできている状況と言えるかもしれません。それ

ができれば、私たちは精神的にとても楽になれます。というのも、相手から不快に思われることなく、本当の自分なるものを表現することができるためです。

　上述のゆたぼんも、もしかすればこうした、学校にある規範としてのフェイスワーク（学校には教員に敬意をはらうという規範や、先輩・後輩などの上下関係、クラス内のスクールカーストなどがあります）自体が嫌で、小学校を避けているのかもしれません。そうなると、そうしたフェイスワーク自体をあまりしなくてすむ、ネット住民になるほかありません。

　もしウェブ授業がこの先もずっと続くとすれば、ネット住民になるのも悪くないかもしれません（あるいは将来、インターネットの世界で仕事をするといった場合も、問題ないのかもしれません）。ただ、おそらくコロナが収束すれば、再び対面授業が始まります。その際、これまで避けることができていたフェイスワークを学校で再びしなければならないというストレス状況に私たちは晒されます。それがつらくなる前に、やはり学校という場でフェイスワークを行う訓練をするのがよいのではないでしょうか。その意味で学校はなお存在する意義があるのかもしれません。

（高松　みどり）

演 習 問 題

　あなたが、リアルタイムのインターネット授業を受けたことがあれば、その時、相手の面子を尊重するようなふるまい（フェイスワーク）を行いましたか。なければ、つぎの問いに答えてください。スマートフォンで友だちとメッセージ交換をする際、あなたはどのような形で相手に敬意を示しますか。

【引 用 文 献】

Durkheim, É.（1897）*Le suicide: étude de Sociologie*, Paris: F. Alcan.（デュルケーム, É.（1985）宮島喬訳『自殺論』中央公論新社.）

Goffman, E.（1959）*The Presentation of Self in Everyday Life*, University of Edinburgh Social

Sciences Research Centre.（ゴッフマン，E.（1974）石黒毅訳『行為と演技——日常生活における自己呈示』誠信書房.）

Goffman, E.（1961）*Encounters: Two Studies in the Sociology of Interaction*, Indianapolis: Bobbs-Merrill.（ゴッフマン，E.（1985）佐藤毅・折橋徹彦訳『出会い——相互行為の社会学』誠信書房.）

Goffman, E（1972）*Interaction Ritual: Essays on Face-to-Face Behavior*, London: Allen Lane.（ゴッフマン（1986）浅野敏夫訳『儀礼としての相互行為——対面行動の社会学』法政大学出版局.）

イリッチ，I.（1977）東洋・小澤周三訳『脱学校の社会』東京創元社.

櫻井龍彦（1999）「相互行為の秩序が帰結するもの」，『三田社会学』第4号，94-107頁.

高松（森）みどり（2014）『教室のドラマトゥルギー』北樹出版.

5 教育はだれが行うのか？
「公教育」について

　私たちが「教育」について考える時に真っ先に思い浮かべるのは、おそらく小学校から高校までの学校のなかで、教師から児童生徒に対して行われる教育ではないでしょうか。もちろん、家庭のなかで親が子どもに対して施すしつけや、あるいは、塾で行われる受験対策を目的とした授業などを思い浮かべる人もいるかもしれません。けれどもこれらの教育は、学校で行われる教育とは、法律の上でもその本質の上でも、はっきりと区別されます。学校教育については、家庭や塾で行われる教育とは異なって、国家がその整備を担うことが認められています。それは、この教育が、「公的な性質」をもつ、「公教育」であると考えられているからです。それでは、学校教育に伴うこの「公的な性質」とは、いったいいかなる性質なのでしょうか。また、そのような公的な性質をもつ教育は、誰によって担われているのでしょうか。

【自分の考え】

【そのように考えた理由】

第1節　西洋近代における公教育思想の成立

1.「私」と「公」の区分

　公教育ということばは、教育法規のなかで明文化されている法律的な概念ではなく、近代という時代における、教育に関する特殊な思想の発展の流れのなかから出てきた、歴史的な概念です。したがって、公教育とは何かを理解するためには、まずそれがそのうちで生じてきた歴史的な文脈を理解しなければなりません。本章で扱うのは、歴史といっても、公教育制度の歴史ではなく、その発展を準備した思想の歴史です。

　西洋近代社会において発展した重要な考え方の1つに、「私」の領域と「公」の領域をはっきりと区別して取り扱うというものがあります。こうした考え方は、近代社会における公教育の思想を理解する上でも重要な鍵の1つとなります。ある政治思想家は、**「近代人の自由」**と**「古代人の自由」**を、それぞれ「私」の領域における自由と「公」の領域における自由とに対応させながら区分しました。「近代人の自由」──「私」の領域における自由──は、たとえばつぎのようなことを指しています。「法律以外の何者にも服さない権利、（……）誰かの恣意的な要求によって逮捕されたり監禁されたり、命を奪われたり、断じて不当に扱われたりしない権利」（コンスタン 2020, 18-19頁）。

　私たちはふつう、好きな時に好きな友人と食事をしたり、その日の気分に応じて夕食の献立を決めたり、インターネット上の掲示板やSNSなどで自分の意見を書いたりする自由を保障されています。こうした私的領域に関することがらについて、仮に政府が規制を行ったり、制限をかけたりしたら、ほとんどの人は不快に感じたり、それは権力の濫用だと考えたりするのではないかと思います。

　それでは、近代人の自由と対比され、「公」の領域における自由と対応させられる「古代人の自由」は、いかなる自由だとされているのでしょうか。近代人の自由とは異なって、古代人の自由は、政治共同体の一員として政治的な意思決定に参加する自由を指していました。これは一見、ある共同体に所属する

メンバー全員が、政治的な決定にみずからの意志を反映させることができるという意味で、民主主義社会の理想的なあり方を体現しているようにも思えます。しかしながら、自由がこのような意味で理解されているところでは、夕食の献立といったことでさえも政治的な意思決定の対象となりえます。その結果、「私」の領域における自由はないがしろにされてしまうかもしれません。

　上の区分に即して言えば、現代社会を生きる私たちの多くは、自由を「近代人の自由」の延長線上で理解しているのではないでしょうか。もちろん、何が「公的なもの」で、何が「私的なもの」なのかの基準は、時代によって移り変わります。そのような例として、介護や子育ての問題があげられます（安彦・谷本 2004, 328-329 頁）。介護は、昔は個々の家族のなかで完結している「私」的な問題であると考えられていました。子どもは年老いた両親と同居し、身の回りの世話を家庭のなかで自発的に担うことが当たり前のことだったと言えます。しかし、時代の変化に伴って家族の形態も多様化してゆくなか、個々の家庭にその負担を委ねるのではなく、政府が税金を財源として、介護の負担の一部を担うべきだと考えられるようになりました。2004 年の介護保険制度の導入を経て、介護は、制度的な次元において「公」的な問題であると承認されたことになります。近代的な「私」と「公」の区分は依然として存在しつつも、社会の変動に応じて何が私的、公的と見なされるのかということは常に変化しつつある、ということがひとまず言えそうです。SNS や、コロナ禍でのテレワークの普及なども、「私」と「公」の区分のあり方を変化させつつあるかもしれません。それでは、こうした「公」と「私」の区分という考え方は、教育の思想、とりわけ公教育の思想とは、いったいどのような関係にあるのでしょうか。

2.「人間」の教育と「市民」の教育

　近代における「私」の領域と「公」の領域のあいだの区分は、公教育に関する思想の発展とも密接に結びついています。というのも、教育は「私事」としての側面と「公事」としての側面の双方を備えており、それらが絡み合いなが

ら発展してきた点に、近代における教育思想の特徴のひとつを見出すことができるからです。

　学校教育制度が社会のなかに広く普及する以前は、子どもに対する教育は、多くの場合家庭のなかで、子どもの両親によって担われていました。それと対応する形で、**J.-J. ルソー**（Rousseau, J.-J.）や、**J. ロック**（Locke, J.）などの近代の代表的な教育思想家は、家庭のなかで、すなわち「私」の領域のなかで行われる**「私教育」**の理想的なあり方を明らかにしようと試みました。彼らにとっては、学校のなかで組織的に行われる教育は、子どもの十全な発達にとってむしろ有害なものだと考えられていました。ルソーは『エミール』（1762）という本のなかで、子どもにつきっきりの家庭教師によって施される、理想的な教育のあり方を小説の形式で記述しました。そのなかで彼はつぎのように述べています。

> 万物をつくる者の手をはなれるときすべてはよいものであるが、人間の手にうつるとすべてが悪くなる。（…）〈自然、人間、事物によってなされる教育が対立している場合には、教育を行う人は〉自然か社会制度と戦わなければならなくなり、人間をつくるか、市民をつくるか、どちらかにきめなければならない。同時にこの両者をつくることはできないからだ。（…）社会秩序のもとでは、すべての地位ははっきりと決められ、人はみなその地位のために教育されなければならない。その地位にむくようにつくられた個人は、その地位を離れるともうなんの役にもたたない人間になる。（ルソー 1962, 23-31 頁）

　ルソーは、謀略や、見かけばかりの虚栄心にみちた社会のメンバーになることを目的とした**「市民の教育」**は、人間に自然的に備わっている「よさ」を毀損してしまうと考えました。それゆえにルソーは、社会への適応を目的とする教育ではなく、子どもの成長の過程に即して行われる**「人間の教育」**を選択すべきだと考えたのです。ルソーが『エミール』のなかで提示した「人間の教育」の思想は、**J. H. ペスタロッチ**（Pestalozzi, J. H.）や **J. デューイ**（Dewey, J.）の思想をはじめとして、その後の教育思想の発展に大きな影響を与えました。

　しかしながら、ルソーが学校教育の代わりに提示した教育は、子どもが生まれてからおとなになるまで家庭教師がつきっきりで教育を行うというものであ

り、実際にそのような教育を実行できるのは、社会のなかでも貴族など社会的地位の高いごく一部の階層に限られました。現代において常識となっている教育は万人に等しく提供されなければならないという考え方は、ルソーの思想のなかには必ずしも見出すことはできません。そのような意味においては、ルソーの教育思想は「私事」としての教育に関する理想の記述にとどまっていたのです。

3. 公教育の原理

　私教育を教育の理想的なモデルとして提示した思想家たちの教育論は、理想的な状況においての見なされうる、ある意味では「空想的」な教育のあり方を記述したものでした。また、彼ら自身も、そこで提唱している教育が、そのまま社会全体で実現されうると考えていたわけではありませんし、学校は有害だから廃止しろなどと言ったわけでもありません。

　けれども現実には、所与の社会のなりゆきや、おのおのの家庭のなかで親によってなされる教育に任せておいては、読み書きさえも十分にできない子どもたちが社会のあちらこちらにあふれかえることになります。つきっきりの家庭教育のような、エリートのみにしかできない、あるいは、エリートでさえも十分に行うことができないような教育のモデルは、現実の教育の改善を構想するために十分な手立てを与えてくれるものではありませんでした。そこで、社会全体の教育の現実の改善をめざした公教育の原理を明示的に示したのが、フランスの思想家 **J. A. N. コンドルセ**（Condorcet, J. A. N.）です。

　コンドルセは、「公教育の本質と目的」（1791）と題される論文のなかで、現代の公教育の理念にも通じる平等な権利の保障のための教育を、公教育という形で実現するための構想を提示しました。コンドルセはその論文の冒頭で、つぎのように述べています。

　　公教育は国民に対する社会の義務である。人間はすべて同に権利を有すると宣言し、また法律が永遠の正義のこの第一原理を尊重して作られていても、もし精神的能力の不平等のために、大多数の人がこの権利を十分に享受できないと

したら、有名無実にすぎなかろう。(コンドルセ 1973, 9 頁)

コンドルセは、フランス革命によって絶対王政が崩壊し、「自由・平等・博愛」をモットーに新しい社会を構想しつつあるフランスの時勢のなかで、公教育を「国民に対する社会の義務」として定式化しました。ここでコンドルセは、社会全体に蔓延する不平等を是正する手段として公教育を構想しています。公教育は、個々の家庭のなかで行われる教育に任せたり、社会のなりゆきに任せたりするべきものではなく、「社会の義務」として、国家が平等にそれを保障すべきものとして理解されたのです。

このように、国家が公教育を制度的に保障することが重視されるようになった時、国家と教育とのあいだの緊張関係の存在もまた、明確に意識されるようになりました。コンドルセは、国家が提供する教育は、科学的な成果に基づいた客観的な知識の内容に関わる「**知育**」のみに限定されるべきだと考えました（コンドルセ 1973, 31-41 頁）。それは、もし公教育が、価値や道徳に関わる「**訓育**」をも扱うことになれば、社会のあらゆる成員の生き方を国家が決めることができるようになってしまい、その結果として国民の「思想の独立性」が脅かされてしまうと考えたからです。国家が万民に共通する正しい生き方を知っているという保障はどこにもありません。コンドルセは、価値や道徳に関わることがらは、国家が定めたことを教育を通じて強制するべきではなく、個々の国民による自由な思索や討論、そして個々の家庭のなかで行われる教育に委ねられるべきだと考えたのです。

 ## 第 **2** 節 公教育とは何か

1. 国民教育としての公教育

前節で確認してきたような思想を背景にして、あらゆる人々が学校に通うこと、そのための学校教育制度の整備を政府が行うべきだという考え方が当たり前のことになるのは、先進国のどこの国にあってもそれほど昔のことではありません。コンドルセは 18 世紀を生きた思想家ですが、その思想が社会のなか

に実装されるまでには、実におよそ150年以上もの時間を要しました。ここでは、日本の近現代の教育史のなかでの公教育制度の展開について、公教育が制度として広く社会に実装されるまでの思想の流れを簡単に確認してみましょう。

　戦前の日本の公教育を規定していたのは、1890年に発表された、「**教育勅語**」（正式には「教育ニ関スル勅語」）です。勅語とは、天皇が国民に対して示す意思表示のことを指します。教育勅語の1つの特質として、儒教的な道徳に基づいた愛国主義的な美徳を教育によって子どもに身につけさせることを推奨していた点があげられます。たとえば教育勅語のなかでは、「我が臣民はよく忠にはげみよく孝につくし、国中のすべての者がみな心を一つにして代々美風をつくりあげてきた。これは我が国柄の真髄であって、教育の基づくところもまた実にここにある」と述べられています。ここでは、国家によって提供される学校教育は、国民としての美徳を身につけさせるための手段として位置づけられていると言えます。このような、国家がその維持や発展のために国民に特定の美徳や資質を身につけさせようとする教育のことを「**国民教育**」と呼びます。このような教育のもとでは、すべての国民に共通する正しい生き方が存在していると想定され、国家が示すその生き方に誰もが従って生きることがほとんど強制されることになります。こうした教育のあり方は、戦前・戦中の軍国主義的な教育に帰結し、国家のためにみずからを犠牲にすることがよしとされるような心性さえもが国民のあいだに浸透してゆくこととなりました。

　その後、1945年の太平洋戦争での敗戦を経て、日本の社会制度は、GHQ（General Headquarters：連合国軍最高司令官総司令部）の手によって一新されることになります。こうした社会制度の改革のなかには当然、教育の改革も含まれていました。戦前の国民教育への反省から、国家が教育の内容、とりわけ特定の道徳的・政治的な教説を含む内容に干渉することに対して批判的な姿勢をとることが、徐々に有力な考え方になっていきます。国民を特定の政治的なイデオロギーのもとで統合しようとする「国民教育」としての公教育から、「社会の義務」としての万人に対する平等な発達の権利の保障としての公教育へと、公教育のモデルが移行してゆくのです。

2. 現代の教育法規における公教育の原理

　戦後の教育の整備によって形作られた教育に関する思想は、現在のわれわれの教育についての考え方にもつながっています。憲法、および**教育基本法**（本章では 2006 年に改正された現行の教育基本法に準拠します）の条文に、そのような考え方が最大公約数的な仕方で表現されていると言えるでしょう。

　憲法第 26 条では「すべて国民は、法律の定めるところにより、その能力に応じて、ひとしく教育を受ける権利を有する。すべて国民は、法律の定めるところにより、その保護する子女に普通教育を受けさせる義務を負う」と述べられています。ここでは、「能力に応じて教育を受ける」ことが、すべての国民の「権利」として理解されています。ここですべての国民が有するとされる教育を受ける権利は、両親の有する「普通教育を受けさせる義務」と対応しています。ただしここでは、単に家庭のなかで両親がその子どもに対して教育を行う義務のことが念頭にあるわけではありません。その権利は「ひとしく」与えられているものであるがゆえに、国家の管轄のもとで平等な教育の機会を提供することを企図して整備された学校に、子ども自身がそれを希望しない等の特別な事情のないかぎり、両親はその子女を通わせる義務を有しているとされるのです。

　そして、国家の管轄のもとにある学校教育は、家庭や塾などの、学校以外の場で行われる教育とは、質的に区別されます。教育基本法第 6 条には、つぎのように述べられています。「法律に定める学校は、公の性質をもつものであつて、国又は地方公共団体の外、法律に定める法人のみが、これを設置することができる」。学校という場、およびそこで行われる教育は、「公の性質」を有していると考えられる点において、他の教育とは区別されるのです。

　公の性質をもつということは、学校での教育のもたらす利益は、単に教育を受ける子どもや、子どもを学校に通わせる親の利益に還元させられるものではないということを意味します。学校教育を通じて、次世代の社会の担い手たる子どもを育てることは、社会全体に対して利益をもたらすことだと見なされているのです。このことは、教育基本法第 14 条および第 15 条における、学校は

「特定の政党を支持し、又はこれに反対するための政治教育その他政治的活動をしてはなら」ず、さらには「特定の宗教のための宗教教育その他宗教的活動をしてはならない」という規定とも通じています。

このように公教育が、特定の私的利益に資するものではなく、社会全体の利益に資するものであると理解されることは、公教育が、公費によって賄われるべきものだという考え方に通じています。教育基本法第4条には、つぎのように述べられています。「国又は地方公共団体の設置する学校における義務教育については、授業料は、これを徴収しない」。公教育は、国家が「公共の福利」のために整備するものであるがゆえに、その費用は、個々の家庭の負担に委ねられるべきではなく、国家が公費によって負担すべきものだと見なされるのです。

以上の、学校で行われる公教育に関する原則はそれぞれ、**義務性、無償性、世俗性**として、あわせて**公教育の3原則**と呼ばれることがあります。ここまでは、日本の法規に即してその原則を確認してきましたが、これらの原則は、日本の法律のみに特有の原理ではなく、現代の先進諸国においてはほとんど共有されている原則だと言えるでしょう（アメリカやイギリスのように、子どもを学校に通わせることなく、家庭で主に両親が教育を行う「ホームスクーリング」が法的に認められている国家も少なくありませんが、そのような場合でも、通常は家庭のなかで一定の質の教育が適切に行われているかどうかをチェックするしくみがあります）。たとえば、国際連合が定めている**「子どもの権利条約」**（正式には「児童の権利に関する条約」と言います）のなかでも、以上の原則はほとんど通底しています。今日の先進国において、公教育の原理として広く合意がとれているものだと言えるでしょう。

 第3節　教育は誰が行う？　教育権をめぐる論争を手がかりに

1. 国民の教育権論争

ここまで、西洋の思想における公教育のなりたちを確認した上で、日本を事例に、現代に至るまでの公教育の思想の発展、および現代において共有されている公教育の原理について確認してきました。本節では最後に、本章のタイト

ルにもなっている問い、すなわち「教育は誰が行うのか」という問いに取り組みます。ここまでの説明は、「自由」や「権利」といった、やや抽象的な話にとどまってきたようにみえるかもしれません。しかし、この「教育は誰が行うのか」という問いを考えることは、具体的な学校の現場で教育を行う教師の実践のあり方を問い直すことにもつながっています。戦後日本における軍国主義的な公教育への反省から、特定の政治的・宗教的教説に基づかない、思想の上で中立的な公教育が整備されてきたことは、前節ですでに確認しました。こうした戦後日本における公教育の思想の発展のなかで、公教育の本質と密接に関わる論争がありました。この論争のことを、以下では**「国民の教育権論争」**と呼びます。この論争はさまざまな論点を含んでいますが、その主な議論の対象となっていたのは、**教育権**（教育を行う権利）は誰に帰属するのか、という問題です。より具体的に言い換えれば、学校で教鞭を執る教師、学校に通う児童生徒の両親、学校教育制度を提供する国家、これらそれぞれの教育の担い手は、どのような仕方で児童生徒への教育という義務を担っているのか、ということをめぐる論争だったと言えるでしょう。まずは、論争のなかでしばしば取り上げられる、1つの事例を見てみましょう（以下の事例に関する記述は、永井 1980 に依拠しています）。

　1961 年、現在の文部科学省の前身の文部省によって実施されていた「全国中学校一斉学力調査」（以下、「学テ」）に対して、北海道の旭川市立永山中学校の有志教員が、学校に侵入し、暴力・脅迫の手段によってこれを阻止しようとした、という事件がありました（**旭川学テ事件**）。1956 年から、文部省は、小学校から高校までの一部の児童生徒を対象に学テを実施していました。1961 年に実施された学テがあらためて問題とされたのは、それが全国の中学校の全生徒を対象にした一斉テストだったからです。調査は、学校で行われる教育課程および学習指導の改善を目的としたものでしたが、さまざまな弊害をもたらしたものとして教育関係者に受け取られました。その典型が、学テが「テスト競争、進学競争、受験地獄」をもたらし、その結果として教師や学校を疲弊させているという批判です。このような学テのもたらしたさまざまな弊害に対する

反発は、全国的に起こりました。そのなかでも、北海道の旭川市永山中学校での事件は、教師らが強行的な手段に訴えたことから、裁判に発展しました。この裁判の判決文では、つぎのように述べられています。

> わが国の法制上子どもの教育の内容を決定する権能が誰に帰属するとされているかについては、2つの極端に対立する見解（国家の教育権説と国民の教育権節）があるが、それらは「いずれも極端かつ一方的であり、そのいずれをも全面的に採用することはできない」。（……）「親の教育の自由は、主として家庭教育等学校外における教育や学校選択の自由にあらわれるものと考えられるし（……）教師の教授の自由も（……）限られた一定の範囲においてこれを肯定するのが相当である」。「それ以外の領域においては（……）国は、（……）子ども自身の利益の擁護のため、あるいは子どもの成長に対する社会公共の利益と関心にこたえるため、必要かつ相当と認められる範囲において、教育内容についてもこれを決定する権能を有する」。（米沢 2013, 300 頁）

この判決文を、どのように解釈したらよいでしょうか。これを理解するためには、「**国家の教育権説**」と「**国民の教育権説**」について、詳しく確認していく必要があります。

2. 国家の教育権と国民の教育権

この裁判、および「国民の教育権論争」のなかで争われたのは、学校に荒廃をもたらしたとされる学テの内容それ自体というよりも、国家が教育の内容に介入することは正当であるかどうかという点でした。戦後の日本においてそのような論争の主軸となっていたのは、「国家の教育権説」と「国民の教育権説」という、憲法解釈上の2つの立場の対立でした。前者の、国家の教育権説というのは、国家に教育内容についての決定権が帰属するという説です。この説に依拠すれば、国家が教育の内容に干渉し、それを規定することそれ自体には、なんら問題がないということになります。これに対して、「国民の教育権説」とは、教育権を個々の国民に帰属するものとして理解する説です。上述の判決では、これらのいずれかの説を全面的に採用することは困難であるとされ、一見折衷的な見解が示されていましたが、学テを合法と見なし、教師らの公務執

行妨害罪を認めた同判決は、事後的には「国家の教育権を広範に、親の教育の自由等を限定的に捉えるもの」として理解されています（米沢 2013, 301 頁）。

　すでに述べたように、戦後の公教育思想には、戦前・戦中の国民教育に対する警戒感が強く根ざしているという側面があります。それゆえに、教師をはじめとする教育の従事者は、国家の教育権説に対して批判的な態度を示す傾向がありました。そのような流れのなかで、教育学者たちもまた、国家の教育権説に対して国民の教育権説を精緻な理論として構築することで、国家の手によって整備されざるをえない公教育という制度を、いかにして国民の手に取り戻すか、ということを課題としていました。国民の教育権説もまた一枚岩ではなく、論者によってさまざまな立場がとられていますが、ここでは、戦後日本の教育学者のなかで、国民の教育権説のもっとも代表的な人物の 1 人である、**堀尾輝久**の議論を追跡してみましょう（堀尾 2019, 第 3 章）。

　堀尾はまず、すべての子どもが、人間であり、かつ子どもであることに由来して、学習を通じた人間的な成長・発達への権利である「**子どもの学習権**」を有しているということから出発します（堀尾 2019, 127-131 頁）。憲法第 26 条では、親は、その子女に教育を受けさせる義務を有するものとして規定されていますが、親が有する教育の義務は、堀尾によれば、子どもの学習権を保障するためのものです。しかしながら、家庭でなされる親の教育に任せていては、子どもに人間的な成長・発達の条件を保障することはできません。家庭の教育力に子どもの教育の一切を委ねることは、それを恣意的なものにしたり、子どもから平等な教育のための機会を奪ったりしてしまう危険性を伴います。したがって、「親権の共同化」として、すなわち、親の負う、その子女に教育を受けさせる義務の国家への信託の帰結として、国家が公教育制度を整備することが要請されることになります（堀尾 2019, 131-136）。

　堀尾は、国家が教育の内容へ介入を行うことそれ自体は最小限にとどめようとしているのにもかかわらず、いわば国家の手による教育の担い手である教師は「教育の自由」を有しており、教育の内容をみずから規定してよいと考えています。というのも、「子どもの学習権」の保障のための教育は、教育の専門

家として——授業を行う教科の内容に関する科学的・専門的な研究を行う者として——の教師の専門性に基づいて、なされなければならないからです。ただし、このことは、教師のみに教育の権限の一切が委ねられることを意味しません。児童生徒の父母は、教師に対して要求や批判を出すことができ、協同的に公教育の内容を作り上げてゆくべきだというのが、堀尾の立場です。公教育は公的な性質をもっていますが、それは単に、国家によって提供・保障されるということのみを意味するのではありません。むしろ重要なのは、社会全体の利益という意味での公的な性質の内実を、親、教師、さらには市民の積極的な参加によって、協同的に作り上げてゆくことであると考えられます（堀尾 2019, 140-145 頁）。

　ここで、冒頭の「教育は誰が行う？」という問いにあらためて立ち戻ってみましょう。堀尾によれば、教育を行うのは国家ではなく、親の有する義務を信託された、教育の専門家としての教師であるということになるでしょう。もちろん、堀尾の回答が唯一の正解であるわけではありません。たとえば、教師を堀尾の述べるような意味での専門家として理解することは、教師に対する過剰な要求に基づいているかもしれません。あるいは、教師は、国家の手によって支持された教育内容に従って教育を行う、国家の「手先」であって、教師に教育の自由を認めることは、結果として国家に教育の自由を認めることと同じだ、という批判を投げかけることも可能かもしれません。

　学校で教育を行うのは、もちろん第一義的には教師です。ですが、教師の行う教育が「親権の共同化」に基づくものだとすれば、親も学校教育の担い手であり、それを制度的に保障するという意味では、国家もまた同様に学校教育の担い手です。このように複数の担い手のあいだの緊張関係のもとにある「教育は誰が行う？」という問いに対して、単一の回答を求めるのは難しいかもしれません。重要なのは、学校のなかで実際に教育権を行使する教師が、児童生徒の親や国家とのあいだの緊張関係、および協同的な関係の理解に基づいて、みずからの実践を絶えず批判的にとらえ直すことだと言えるでしょう。

第4節　実践に向けて——教育権の担い手としての教師

　今日では、国家の手による教育の整備を——それがどの程度教育の中身に干渉するのを許容するかは別として——一切度外視して教育を構想するのは難しいと言えます。しかしながら、学校教育は国家の手によってその条件が整備されているということ、および、学校で子どもに教育を行う教員が、単に子どもに対して個別の教科の内容を教えているというだけではなく、国家の手による教育の担い手の役割も果たしているということは、教師としてであれ、親としてであれ、教育に直接的に携わることのない一市民としてであれ、常に念頭に置いておくべきことのように思われます。

　現代のわれわれがその内で生きる国家は、民主主義をその基本的な原理の1つとしています。学校において提供される教育は、将来の民主的な社会を担う市民を育成するという課題をも担っています。このような観点から、近年では「シティズンシップ教育」や「主権者教育」といった、公教育のなかで民主的な社会の担い手を育てようとする教育に関する議論や教育政策などもさまざまな形で展開しています（たとえば、2022年の高校社会科における「現代社会」科の廃止と「公共」科の新設があげられます）。一方でこうした議論は、18歳選挙権の実現などの時勢にも適ったきわめて社会的な重要性の高いものです。他方で、そのような教育のもつ危険性について自覚しておくこともまた、重要であると思われます。たとえば現行の中学校社会科の学習指導要領では、自国を愛することの大切さについての自覚を深めることが教育目標のうちに含まれています。そのような徳目の涵養を目的とした教育を学校の教員が担うということは、国家がその成員に愛国心を抱くように教育を行うことにほかならないという見方もできます。学校の教師は、単に個々の子どもに対して愛情のみに基づいて教育を授ける「聖人」ではなく、国家という組織の末端で教育を担う代理人でもあるということは、忘れるべきではないと言えるでしょう。

　もちろん今日では、社会科や道徳科の教育のなかで、直接的に子どもに特定の政治的・宗教的な教義を教え込むようなことは基本的にはなされていません

し、仮にそのような教育が行われていることが明らかになれば、なんらかの対処がとられるようなしくみができています。ただし、教師の教育実践が、教師個人の実践の是非の次元のみにおいて完結しえないものだとすれば、戦後の国民の教育権論争においてなされていたように、親や国家との緊張関係のもとで教師が行う教育を理解することは、現代の教師、ひいては市民にとっても、依然として有効な視座だと言えるのではないでしょうか。

（柳田　和哉）

演 習 問 題

(1) 2015年には、学習指導要領の改訂に伴い、小学校・中学校において「道徳」が「特別の教科」として位置づけられ、2018年、2019年より全面実施されました。国家の手による公教育制度のなかで、「道徳」をその教育内容に含めることは、正当なことでしょうか。

(2) 本章で扱った「公教育」の原理のなかでは、特定の政治的・宗教的教義を、公教育のうちで教えることが禁じられていました。それでは、学校ではなく家庭のなかで、子どもに特定の宗教的な教義、たとえばキリスト教やイスラム教の教義に従って生きることを両親が強制することには、問題があると言えるでしょうか。

【引 用 文 献】

コンドルセ, J. A. N. (1973) 松島鈞訳『公教育の原理』明治図書出版.

コンスタン, B. (2020) 堤林剣・堤林恵訳『近代人の自由と古代人の自由・征服の精神と簒奪　他一篇』岩波書店.

堀尾輝久 (2019)『人権としての教育』岩波書店.

永井憲一 (1980)『国民の教育権 改訂版』法律文化社.

ルソー, J.-J. (1962) 今野一雄訳『エミール 上』岩波書店.

安彦一恵・谷本光男編 (2004)『公共性の哲学を学ぶ人のために』世界思想社.

米沢広一 (2013)「教育を受ける権利と教育権——旭川学テ事件」, 長谷部恭男・石川健治・宍戸常寿編『憲法判例百選Ⅱ 第六版』有斐閣.

6 学校外教育はどのような役割を果たしているのだろうか？

「シャドーエデュケーション」について

　学校には、家庭外部での社会化を促し、社会で1人のおとなとして生きていけるよう導くことが期待されています。しかし、子どもたちが学校外の教育の場でも多くの時間を過ごしていることを忘れてはなりません。今日、学校外教育の場としてもはや無視することができないどころか、その代表とも言えるほどに発展を遂げたのが学習塾です。そこでこの章では、学習塾に代表される「シャドーエデュケーション」について、この概念の定義や、世界と日本の現状を概観した後、その関係をとらえ直すためのあらたな視点を提案します。さて、まずは以下の問いについて自分の考えをまとめてください。なぜ、子どもたちは家族や学校とは異なる場所で教育を受けるのでしょうか。**学習塾**と学校教育はどのような関係にあるのでしょうか。そして、学校教員には、学習塾の教員が果たしているどのような役割を評価すべきでしょうか。

【自分の考え】

【そのように考えた理由】

第1節　シャドーエデュケーションとは

　学校外教育といった場合、みなさんは何を思い浮かべますか。たとえば、ピアノや絵画などの習い事、家庭教師、**学習塾**などのことを考えたのではないでしょうか。文部科学省（以下、「文科省」）は 2002 年度以降隔年で実施している子どもの学習費調査を通じて、保護者が子どもの学校外での活動に支出した経費の情報を収集しています。この調査では、「学校外活動費」のなかに、スポーツ、芸術文化活動、家庭教師や学習塾などの補助学習費等の項目が含まれています。これらすべての項目を扱うことはできないので、この章では、近年世界的に注目を集めている**シャドーエデュケーション**（以下、「SE」）に該当する項目に焦点を絞ることにします。日本では SE という概念にはなじみがないかもしれません。そこでまずは SE とは何かを定義しておきましょう。

　シャドーエデュケーション（shadow education：影の教育）という概念は 1990 年代に英語圏の研究においてはじめて用いられたと言われています（Zhang & Bray 2020, p. 323）。この概念は学校との関係で理解されるべきです。つまり SE は、学校の影のような存在というイメージを連想させる概念なのです。では、なぜ影のような存在と見なされるのでしょうか。それは、学校教育の方が中心で、SE は学校で教えられている教科・科目しか教えず、その教科・科目に変化が生じた場合、まるでその影のようにその変化に合わせた動きをするからです（Bray 1999, p. 17）。

　SE の国際的動向をはじめてまとめた **M. ブレイ**（Bray, M.）はつぎの 3 つの変数を使って SE の範囲を定めました。

　表 6-1 からわかるように、SE の活動範囲は文科省の学習費調査で対象となっ

表 6-1　シャドーエデュケーションの変数定義 （Bray 1999, pp. 20-22）

補完する学習内容 (supplementation)	学校の教科・科目に限定されている
私企業的性格 (privateness)	利益を目的とする有料の指導
一般教養科目 (academic subjects)	受験対象となる教科・科目のみ、音楽・芸術・スポーツは対象外

ている学校外活動に比べてかなり限定されています。まず、補完する学習内容は学校の教科・科目に限定されており、たとえばマイノリティの子どもたちのための少数言語の授業などは除外されます。さらに、利益を目的とする有料の指導だけが SE と見なされ、たとえば親戚の人が自宅で無料で行うような教育活動は SE に含まれません。最後に、SE で教えられるのは、主に受験対象となる教科・科目に限定されているため、通常一般教養科目に数えられる音楽、芸術、スポーツなどの教科・科目は対象外となります。

　ブレイの定義と比較すると、文科省の調査範囲のうち SE に該当する学校外活動は「補助学習」のなかの「家庭教師」と「学習塾」ですが、この章ではとくに学習塾（以下、「学習塾」と「塾」を同義で使います）に焦点を当てます。日本では過去数十年にわたって学習塾の存在は自明のものであったとも言えますが、諸外国で学習塾を含む SE の存在が重要性を増すようになったのは近年のことです。そこで、まずは近年の SE の世界的拡大と利用動向に目を向けてみましょう。そうすることで、日本の SE の特徴と発展、学校教育との関係の変化を浮き彫りにし、さらには今後の学校と学習塾の関係を考え直すことも可能となるでしょう。

1. シャドーエデュケーションの世界的拡大

　ブレイの 1999 年の報告書 *The shadow education system: private tutoring and its implications for planners*（シャドーエデュケーション制度：私的指導とそれが政策立案者に示唆すること）以降、世界中の各地域における SE の利用に関する研究がさかんに行われるようになりました。それらの研究を通して、地域ごとに利用規模や形式の違いがあるにせよ、SE が世界的な現象だということがわかりました。たとえば、SE の利用があまり知られていなかったヨーロッパにおいてすら、1990 年代末以降 SE の規模を把握するための調査が頻繁に行われるようになりました。

　これらの研究を通して、SE の普及を促す要素が国・地域によって異なっていることも徐々に明らかになってきました。たとえば、東欧ではソ連崩壊後、

学校教員の給与が急激に低下し、収入を得るために、SE で教える教員が増えました。西欧では、グローバリゼーションと市場化によって社会的競争が激化し、SE の普及が促されました。また、北欧では、SE の規模はほかのヨーロッパの地域と比べ大きくないものの、やはり一定の成長が見られます。たとえば、スウェーデンでは SE サービスを利用する家庭のための課税免除制度が2007 年に導入され 2015 年には廃止されましたが、その 8 年間に教育市場が成立しました（Bray 2020, p. 461）。

　ところで、ブレイの 1999 年の報告書が出されるまで、SE は主に東アジアに独特の現象として位置づけられていました。とくにアメリカでは、メディアで広く取り上げられた 1983 年の報告書 Nation at a risk（危機に立つ国家）以降そうした見方が根強かったのです。この報告書のなかで有識者たちは、SE を1980 年代の東アジアにおける経済発展を支えた一要因として解釈するとともに、アメリカの学校教育の凡庸さを批判し、教育改革の必要性を唱えたのです（Mehta 2015, p. 20）。この報告書はその後の教育政策、たとえば 2002 年の **No Child Left Behind Act**（落ちこぼれ防止法）にも影響を及ぼしました（Kamenetz 2018）。この法律によって、とくに貧困層の子どもの学力向上のために保護者に SE サービスを受けるための資金が支給されたことは興味深いことです。つまり、21 世紀に入るとともに、アメリカでは SE の利用が教育機会の不平等を是正する措置として認められるようになったのです。他方、Nation at a risk 報告書がもたらした教育改革を通して、学校では標準化された共通テストが重要視されるようになりました。その結果、アメリカでも 1990 年代から徐々に試験対策サービスを提供する SE の市場が拡大してきました。

　教育政策が SE の成長を促した例はほかにもあります。世界中でおそらくもっとも SE 市場が発展している韓国では 1960 年代後半から中等教育段階における受験競争を緩和するためにいくつかの政策が導入されました。これらの政策は、中等教育に進学するための入学試験に代わって、地区ごとに抽選を行い、それによって児童生徒たちに学校を割り振るものでした。この改革によって、たしかに中等教育段階での入試は廃止されました。しかし、大学入試の合

格をめぐる競争は依然として激しく、この競争に勝ち抜く必要から、結果的に受験勉強を支える SE の市場が低学年に拡大を続けました（Bray 2009, pp. 49-50）。そこで、1980 年代に入ると韓国政府はこのような SE 市場の発展をいったんは禁止しました。しかし、この禁止を実施することは難しく、結局 2000 年にこの法律は憲法違反の判決により撤廃されました（Bray 2009, pp. 49-50）。

2. シャドーエデュケーションの利用動向

児童生徒やその保護者が SE を利用するのは、児童生徒の勉強に対してなんらかの形でサポートを受けるためですが、SE が提供するサポートは、先行研究では主に「**補習**」サポートと「**進学**」サポートという 2 つのタイプに分けられています。補習的なサポートの目的は、学校での勉強についていけない児童生徒の勉強を援助することにあります。一方、SE で学校カリキュラムを超えた内容が教えられる場合、たいていつぎの教育段階に進むための入学試験の準備であるため、SE の目的は「進学」サポートにあります。

では、実際の利用にはどのような傾向があるのでしょうか。1990 年代以降、国際学力調査のデータを分析した一連の研究により SE の利用動向の解明が試みられ、ベーカーらの研究では（2001）はじめて国際比較の分析を行いました。用いられたデータは 41 ヵ国の 14・15 歳の児童生徒を対象とした 1994 〜 95 年の**国際数学・理科教育動向調査**の（**TIMSS**：当時は Third International Mathematics and Science Study；1999 年以降は Trends in International Mathematics and Science Study）の結果でした。ベーカーらの分析によって、41 ヵ国における SE の平均利用率が約 40% であり、41 ヵ国のうち 31 ヵ国において SE が主に補習の機会として利用されていることが明らかになりました。

さらにピョン（Byun, S.）ら（2018）は、ベーカーらの分析結果を受け、OECD の 2012 年の**学習到達度調査**（**PISA**：Programme for International Student Assessment）のデータを用い、最近の SE 利用動向の分析を行いました。その結果、64 ヵ国の 15 歳の児童生徒たちの 33% が SE を利用しており、また、学力の低い児童生徒ほど、SE を利用する傾向が強いとの結果が得られました。なお、PISA

では、保護者の社会経済的地位に関するデータも収集されます。そこで、SE利用と社会経済的地位との関係も分析され、社会経済的地位が高く、学力の低い児童生徒ほど、SE を利用している傾向が明らかになりました。

　先行研究では SE の利用動向に関しては以上のような傾向が研究では確認されていますが、これらのデータだけで世界中の SE の利用動向を正確に把握することは困難です。というのも、国際学力調査に基づく分析にはいくつかの弱点があるからです。とくに、国別の SE の特徴や、国際学力調査で対象とならなかったそのほかの年齢層の利用動向などを把握することはそもそも不可能です。国際学力調査に参加した国々のほとんどでは SE が補習サポートとして利用されていることは明らかになりますが、なぜその児童生徒たちが補習的なサポートを必要としているのかをデータから読み取ることはできません。たとえば、学校教員が SE の先生でもあるケースが少なくないことから、自分の SE での授業の需要を増すために、学校で教えるべき内容を故意に減らすという事態すらしばしば生じています。この場合、児童生徒の補習への需要を学校教員みずからが生み出しているため、単純に SE が補習サポートを提供しているとは言えなくなります。

　さらに、補習のためであれ進学のためであれ、SE を利用することで実際に学力が向上しているのかというと、決してはっきりしたエビデンスはないのです。にもかかわらず、とくに東アジア諸国で SE の利用がさかんであるということ、そしてそれらの国々の児童生徒が PISA のような国際学力調査において高いパフォーマンスを示しているということから、前者が後者の原因として説明されがちです（Rappeleye & Komatsu 2020, pp. 4-5）。ラピリーと小松（2020）はこの問題を取り上げ、日本における国際学力調査の成績と通塾との関係を国内統計データを使って分析し、SE は日本の児童生徒の国際学力調査での高成績をもたらす原因ではないという結論を得ました。彼らの分析によると、他国との学力の差はすでに小学 4 年生の時点で見られますが、全国の小学校の低学年の平均通塾率は低いため、その差を SE の効果で説明できないのです（Rappeley & Komatsu 2020, pp. 8-10）。以上のような調査結果を考慮に入れた場合、日本の SE

はどのような特徴をもっていると言えるのでしょうか。

 ## 第2節　日本のシャドーエデュケーションの特徴

　文科省の学校外活動の定義とブレイによる SE の定義についてすでに紹介しました。これらの定義に従うと、学校外活動のうち家庭教師（通信添削などの通信教育を含める）と学習塾がブレイによる SE の定義にあてはまることがわかりました。以下では主に学習塾を日本の SE の例として考察しますが、近年の塾業界の発展とともに、両者の区別が困難になっている点にも留意しなければなりません。というのも、とくに新型コロナの影響でオンラインでの教育サービス提供が重要性を増し、オンラインでの通信教育も学習塾が提供するあらたな教育サービスの柱のひとつと見なされるようになったからです。

1. 学習塾の現状

　まずは、**学習塾**業界の規模や通塾率といった基本情報を概観しましょう。続いて学習塾の戦後史を追うことで、日本における SE の特徴を浮き彫りにしようと思います。

　日本では学習塾は特定サービスに数えられ、経済産業省の管轄下にあります。2015 年には学習塾の事業所数は 48,572 で、その数は 1990 年代以降ほぼ横ばいの傾向を示しています（経済産業省, 2016）。従事者規模別でみると、事業所総数のうち、38,937 の学習塾（約 80%）が従業者 9 人以下の小規模塾です。他方、同年度の年間総売上高の 9,361 億 7,500 万円のうち、従業者 9 人以下の事業所の売上高は約 41%（3,810 億 3,800 万円）、従業者 10 ～ 49 人の中規模事業所の売上高は 53%（5,003 億 7,900 万円）を占めています。つまり、日本の塾業界の大部分は中小企業で構成されています。

　図 6-1 は、通塾率を学年別に表示したものです。この図からは小学校と中学校の高学年の段階で通塾率がもっとも高く、小学校中・高学年の約半数の児童生徒、中学 3 年生の 60% 以上の児童生徒に通塾経験があることがわかります。

児童生徒の通塾の頻度について、文科省の2007年の調査結果では、公立の小中学校の児童生徒が1月に平均9回塾に通っており、通塾している児童生徒の約半数の1日あたりの指導時間は1～2時間だと報告されています（文部科学省、

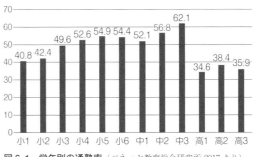

図6-1　学年別の通塾率（ベネッセ教育総合研究所 2017 より）

2008）。ベネッセ教育総合研究所が2013年に実施した『放課後の生活時間調査』では、小学5年生から高校3年生までの児童生徒を対象に、学年別の1週間の通塾回数が調査されました。その結果を示したものがつぎの図6-2です。

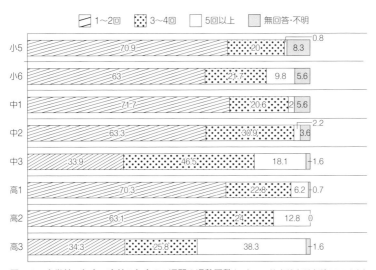

図6-2　小学校5年生～高校3年生の1週間の通塾回数（ベネッセ教育総合研究所 2014 より）

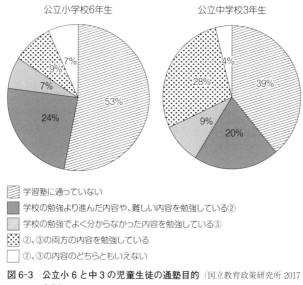

公立小学校6年生 公立中学校3年生

凡例:
- 学習塾に通っていない
- 学校の勉強より進んだ内容や、難しい内容を勉強している②
- 学校の勉強でよく分からなかった内容を勉強している③
- ②、③の両方の内容を勉強している
- ②、③の内容のどちらともいえない

図6-3　公立小6と中3の児童生徒の通塾目的（国立教育政策研究所 2017 より）

　このデータからは1日あたりの塾での勉強時間を読み取ることはできませんが、ほとんどの学年で週に1〜2回通塾している児童生徒の割合が高いことがわかります。しかし、入学試験を控えた中3と高3では通塾回数が増えています。とくに週3〜4回あるいはそれ以上の頻度で塾に通っている児童生徒にとって、塾はおそらく学校と同様の、あるいはそれ以上の教育の場としての意味をもつのではないでしょうか。

　塾の利用目的に目を向けてみましょう。**全国学力・学習状況調査**から、通塾経験のある公立の小6と中3の児童生徒に関する情報を得ることができます（図6-3）。

　小6の通塾経験のある児童生徒の24%は「学校の勉強より進んだ内容や、難しい内容を勉強」しています。その割合は中3の児童生徒でやや縮小しますが、他方で学校の勉強より進んだ内容と学校の勉強でよくわからなかった内容の両方を勉強している児童生徒の割合が顕著に増加しています（小6：9%；中

3：28%）。「学校の勉強より進んだ内容」を進学目的の内容、「学校の勉強でよく分からなかった内容」を補習目的の内容と言い換えると、両者の目的のあいだの境界は少なくとも中学校段階（とくに中3）ではあいまいです。中高一貫校や私立学校の密度の高い地域を除き、それは中学児童生徒の高校**進学**にあたって中学校での学習態度と入学試験の成績の両方が評価されることに起因していると考えられます。

　以上のデータからは、学習塾という業界が学校と並ぶもう1つの教育の場として根づいていることがわかります。日本では、学習塾という SE は小中規模の事業数が多く、通塾率や通塾頻度は学年が上がるとともに進学準備のため増加します。しかしそれを除けば、以上のデータから、ほとんどの児童生徒は激しい受験競争を勝ち抜くという理由だけで塾を利用しているわけではないという実態を読み取ることができます。つぎに戦後の塾業界の主な発展を概観してみましょう。

2．学習塾の戦後史

　塾に前近代からの歴史があることはよく知られています。たとえば、江戸時代には私塾が存在し、教育の場の1つとして認識されていました。しかし、その当時の私塾と今日の学習塾とはもちろんタイプの異なるものです。むしろ、現代の学習塾の発展は戦後日本の学校制度との関係で理解すべきでしょう。

　教育サービスを提供する業界としての学習塾は戦後の日本でいつ頃生まれたのでしょうか。塾業界は1970年代に起源があり、この時期に大きな成長を遂げました。1950～60年代における塾のほとんどは小規模な地域密着型のものであり、経営者は退職した学校教員などの教育関係者でした（岩瀬 2006，112頁）。これらの塾は学校での勉強をサポートする機能を果たしているという自己認識をもち（岩瀬 2006，112頁）、主に補習的な役割を果たしていました。その背景には公立中学校で放課後にいわゆる「進学のための補習授業」（小宮山 2000，104頁）が実施されていたこともあります。学校での補習授業は、とくに1960年代における高校進学率の上昇を背景とし、中学校卒業者の高校進学を

サポートすることを目的としていました。そのため、当時設立された塾の大半は学校の授業の補習の機能を担っていたのです。

　1970年代に日本の高度経済成長が終わると学習塾も様変わりし、ビジネス機会として塾を設置する経営者が増えました。その当時の学校教育の文脈をみると、いわゆる詰め込み教育のはじまりを告げるものとして知られる1968年の学習指導要領の改訂以降、学校の授業についていけないいわゆる「落ちこぼれ」の児童生徒の存在が社会的に注目されるようになりました。小宮山によると、この「落ちこぼれ」への注目は、当時の日本経済の文脈とも関係していました。高度経済成長期に人々の可処分所得が増加したことで、多くの保護者たちが自分の子どもの学校での勉強と学力を意識するようになり、それが学習塾の増加に貢献したのです（小宮山 2000, 109-111頁）。そうした背景のもとで、一方では、落ちこぼれ対策として、学校の授業内容の理解を促す**補習サポート**機能が引き続き塾に求められました。しかし他方では、1970年代以降、教育とは縁のなかった企業が補習や進学のニーズに気づき、学習塾設立に参入し、産業化していきました。こうして、「乱塾時代」とも呼ばれる実態が生じたのです（岩瀬 2006, 123頁）。

　学習塾の市場が芽生えた1970年代以降、塾の数は増加し続け、1981年に18,683であった事業所数は1991年には45,856と2倍以上に跳ね上がりました（小宮山 2000, 112-113頁）。この時期に注目すべき学校教育の発展としては私立中学受験ブームをあげることができます。このブームは、1980年代に問題視された公立中学校における校内暴力や、教育選択を促そうとする教育政策にも後押しされ、とくに首都圏や大都市で生じました（小宮山 2000, 114頁）。このブームを背景に、私立中学受験対策サービスを提供する学習塾が増加しました。他方で、学習塾は、私立中学受験ブームを煽り子どもたちの疲労を増大させているという批判をも浴びることになります（小宮山 2000, 113頁）。しかし、1980年代からの教育の市場化・民営化へのシフトはその後も続きます。そのシフトは1984〜87年に総理大臣の諮問機関として存在していた臨時教育審議会（以下、「臨教審」）の答申からも窺えます。臨教審は「教育の自由化」という方針を

提唱しましたが、それは市場創出と公的コストの削減という政治・経済界からの要求に応じるものでした（高嶋 2019. 150 頁）。そして、学習塾の隆盛は、当時の市場環境に起因するものとして認識され、「学習塾を所与の存在として教育政策に位置づけようとする動きが、学習塾への批判と同時並行的に現れ始め」（高嶋 2019. 150 頁）たのです。このように批判と受容の入り交じった学習塾に対するアンビバレントなスタンスは 1990 年代末まで続きました。

　2000 年代前半には、完全学校週 5 日制度への移行や「ゆとり教育」として批判を受け学力低下論争を引き起こした新学習指導要領の改訂が行われました。こうした状況のもとで、行政から民間教育事業に対しては、多様な学習機会を提供することが期待されるようになりました。とくに学習塾に対しては、受験勉強以外の教育的役割（実験教室、野外体験活動、創造的体験活動、課題解決型学習など）が求められました（Roesgaard 2006. p. 146；高嶋 2019. 152 頁）。この時期以降、学習塾を受容するということが教育行政の既定路線となり、学校と学習塾の連携の例も増えていきます（早坂 2017；高嶋 2019. 146 頁）。

　一方で進学準備をめぐる過度な競争を批判しながら、他方で学習塾の受験勉強以外の教育機能を強調するという提言からは、たしかに行政が学習塾の多様性を認識していたことが窺えます。しかし、行政側からの学習塾の受容は、その教育の場としての特徴や、教育的および社会的な影響を顧みることなく進められ、今日に至りました（高嶋 2019. 154 頁）。第 1 節でふれた世界中の SE の例からは、SE の市場との関わり方しだいでさらなる不平等を生じさせる可能性も十分あるため、SE を禁止するのかこれと連携するのか、連携するとすればどのような形で連携するのかについて、行政には慎重な判断が求められます。日本では、小規模の学習塾が多く存在し、それぞれが置かれた文脈のなかで活躍しているため、地域の教育事情にも詳しいはずです。今後の学校と学習塾の連携の有効性を高めるためには個々の学習塾の特徴と影響を十分に省察することが必要でしょう。そこで最後に、もう一歩踏み込んで、学校と学習塾の関係にまで立ち返り、これまであまり焦点化されてこなかった側面からその関係を再考するための視野を提示しようと思います。

第3節　実践に向けて——学校と学習塾の関係を再考する

1. 影には存在しないシャドーエデュケーション

　戦後の発展をみると、学習塾は少なくとも 1970 年代の業界誕生以降、学校の「影」的存在であり続けていました。日本の家庭では、教育を商品や投資と見なす見方が根づく一方、学習塾は、過剰な受験準備、不平等、子どもの健康への悪影響などの観点から批判されてきました。それらの問題については、それが位置する文脈を見定めた上で、引き続き注目すべきでしょう。たとえば、首都圏の私立学校における小学校レベルでの受験準備の過激化を考察した恒吉(2013) は、小学校段階の通塾の不可欠性について述べています。教育ジャーナリストおおたは、私立学校・トップ学校に進学するために不可欠な通塾経験を「塾歴」と呼び、「この国では塾が受験エリートを育てているのだ」と断言しています (2016. 26 頁)。このように極端なケースでは、学習塾は進学に関わる中心的な教育機関に変容しており、学校教育を脆弱化する SE のポテンシャルを示しています。

　他方、新聞記事で取り上げられた学習塾との連携事例を考察した早坂(2017) はその連携の多様化の可能性を論じています。たとえば、学習支援事業としての無料塾、学力向上策と防犯対策の検討、学童保育との連携、発達障害児に対応するための医療機関との連携などの事例は、学校や学習塾とともに、子どもに関係するその他の機関が、地域の子どもの世話をする協力体制に加わる多様な可能性を示唆しています (早坂 2017. 65 頁)。これらの事例は、もはやブレイによる SE の定義の枠内には収まらないものでしょう。では、その連携の多様性のポテンシャルを把握するために、学校や学校教員としての役割はどう再定義されるべきでしょうか。

2. 学校の役割を再考する

　従来の学校の役割を考え直すためには、まず、学習塾の教育の特質を正確に把握しておくことが必要でしょう。つまり、学校教員は学習塾の存在を認識

し、そこがどのような教育の場なのかを考察する必要があるということです。

　第1節では、SE の機能が主に学力との関係で焦点化されてきたことについて述べました。しかし、「補習」か「進学」かという、一見わかりやすい分類法は学習塾の発展をとらえる視野を狭めるものでもあります。そもそも、通塾により学力が向上することを示すエビデンスベースが弱いため、学力との関係でのみ学習塾の特質をとらえることには無理があるのかもしれません。他方、学習塾における教え方の特質はこれまであまり注目されてきませんでした。学習塾と学校の特質を明確化するための重要な手がかりの1つは、それぞれの教師たちの授業スタイルにあるのかもしれません。早坂と杉森（2018）は、大学生を対象としたアンケート調査によって、通塾経験のある大学生の128人に学習塾と学校の授業の評価を尋ねました。その結果、それぞれの授業の強みが明らかになりました。学習塾は「授業でのわかりやすい説明や発問のタイミング、リズムや緩急に気を付けた話し方、要点をつく説明、先生の情熱を伝える」という点に、学校は「生徒に興味を持たせる工夫、生徒の授業参加、授業内での話し合い活動をする」（早坂・杉森 2018, 516 頁）という点に、それぞれが強みをもっているという結果が出ました。この調査から、学習塾と学校の授業の特質について考える上でのヒントを得ることができます。もちろんそれぞれの役割は、文脈によって上記の調査結果といくぶん食い違うことがあるかもしれません。しかし、このように授業の特質を考慮することは学校と学習塾の関係の将来的展開を考える上でさらに重要になってくるのではないでしょうか。

（マワー　キム）

演 習 問 題

(1) 自分の学校時代の授業を顧みて、教え上手な教師の授業にはどのような特徴がありましたか。また、もし通塾経験があれば、同じことを学習塾の教師の授業についても考えてください。その上で、学校と学習塾の教師の授業の仕方にそれぞれにどのような特徴があるのか、またそうした特徴の違いがなぜ生じたのか考えてみてください。

(2) 児童生徒の何人かは学校の授業でこれから学ぼうとしている単元をすでに学習塾で勉強し、学校の授業に退屈を感じています。その場合、あなたが学校教員であれば、どのように対応しますか。

【引 用 文 献】

Baker D., Akiba M., LeTendre G., & Wiseman A.W. (2001) "Worldwide shadow education: outside-school learning, institutional quality of schooling, and cross-national mathematics achievement," *Educational Evaluation and Policy Analysis*, vol.23, no.1, pp. 1-17.

ベネッセ教育総合研究所 (2014)「第2回 放課後の生活時間調査」https://berd.benesse.jp/up_images/research/2014_houkago_all.pdf (last accessed 1 August 2021).

ベネッセ教育総合研究所 (2017)「学校外教育活動に関する調査 2017」https://berd.benesse.jp/up_images/research/2017_Gakko_gai_tyosa_web.pdf (last accessed 1 August 2021).

Bray, M. (1999) *The shadow education system: private tutoring and its implication for planners*, UNESCO: International Institute for Educational Planning.

Bray, M. (2009) *Confronting the Shadow Education System: What Government Policies for What Private Turtoring*?, Paris: UNESCO International Institute for Educational Planning.

Bray, M. (2020) "Shadow education in Europe: growing prevalence, underlying forces, and policy implication," *ECNU Review of Education*, pp. 1-34.

Byun S., Chung H., & Baker D. (2018) "Global patterns of the use of shadow education: student, family, and national influences," *Research in the Sociology of Education*, vol.20, pp. 71-105.

早坂めぐみ (2017)「学校と学習塾の連携可能性の多様化——1999年以降の新聞記事の分析から」、日本学習社会学会編『日本学習社会学会年報』第13号、59-69頁.

早坂めぐみ・杉森伸吉 (2018)「学校と学習塾における授業の比較研究：学習者の視点に着目して」、『東京学芸大学紀要 総合教育科学系 II』第69集、509-518頁.

岩瀬令以子 (2006)「現代日本における塾の展開——塾をめぐる社会的意味の変遷過程」、『東京大

学大学院教育学研究科紀要』第 46 巻，121-130 頁.

Kamenetz, A.（2018）"What 'A Nation At Risk' Got Wrong, And Right, About U.S. Schools," NPR 29 April. Available at: https://www.npr.org/sections/ed/2018/04/29/604986823/what-a-nation-at-risk-got-wrong-and-right-about-u-s-schools（last accessed 1 August 2021）.

経済産業省（2016）「平成 27 年　特定サービス産業実態調査報告」https://www.meti.go.jp/statistics/tyo/tokusabizi/result-2/h27/pdf/h27report27.pdf（last accessed 1 August 2021）.

国立教育政策研究所（2017）「平成 29 年度　全国学力・学習状況調査　質問紙調査の結果」https://www.nier.go.jp/17chousakekkahoukoku/report/data/17qn.pdf（last accessed 1 August 2021）.

小宮山博仁（2000）『塾――学校スリム化時代を前に』岩波書店.

Mehta, J.（2015）"Escaping the shadow: A Nation at Risk and its far-reaching influence," *American Educator*, vol.39, no.2, pp. 20-26.

文部科学省（2008）「子どもの学校外での学習活動に関する実態調査報告」https://www.mext.go.jp/b_menu/houdou/20/08/__icsFiles/afieldfile/2009/03/23/1196664.pdf（last accessed 1 August 2021）.

文部科学省（2019）「平成 30 年度　子供の学習費調査について」https://www.mext.go.jp/content/20191212-mxt_chousa01-000003123_01.pdf（last accessed 1 August 2021）.

おおたとしまさ（2016）『塾歴社会――日本のエリート教育を牛耳る「鉄緑会」と「サピックス」の正体』幻冬舎.

Rappeley, J. & Komatsu H.（2020）"Is shadow education the driver of East Asia's high performance on comparative learning assessments?," *Education Policy Analysis Archives*, vol.28, no.67（April）, pp. 1-25.

Roesgaard, M. H.（2006）*Japanese education and the cram school business: functions, challenges and perspectives of the juku*, Copenhagen: NIAS Press.

高嶋真之（2019）「戦後日本の学習塾をめぐる教育政策の変容」，日本教育政策学会編『日本教育政策学会年報』第 26 号，146-155 頁.

Tsuneyoshi, R.（2013）"Junior high school entrance examinations in metropolitan Tokyo – the advantages and costs of privilege," DeCoker, G. & Bjork, C.（eds.）, *Japanese education in an era of globalization*, Columbia University: Teachers College Press, pp. 164-182.

Zhang W. & Bray M.（2020）"Comparative research on shadow education: achievements, challenges, and the agenda ahead," *European Journal of Education*, vol.55, pp. 322-431.

● 第Ⅱ部　ワークショップ ●

1. 調べて、考えてみよう

①小・中学校と高等学校の不登校による長期欠席者数とその推移の傾向を調べ、そこからどういったことが言えるかを考えてみましょう。

　　　小・中学校　□□□□□人（　　　年）　　推移の傾向　　　　　　　

　　　高等学校　　□□□□□人（　　　年）　　推移の傾向　　　　　　　

②公財政教育支出（国や地方公共団体が支出する教育費）がGDP（国内総生産）に占める割合と学校段階ごとの公費負担と私費負担（塾などの学校外活動費を除く学習者や保護者が支出する授業料などの教育費）の割合を調べ、そこからどういったことが言えるかを考えてみましょう。

　　　公財政教育支出の対GDP比□□□□□％（　　　年）

　　　就学前教育段階　　公費負担□□□□％　私費負担□□□□％（　　　年）

　　　初等中等教育段階　公費負担□□□□％　私費負担□□□□％（　　　年）

　　　高等教育段階　　　公費負担□□□□％　私費負担□□□□％（　　　年）

③『子どもの学習費調査』（文部科学省）から、保護者が1年間に支出する習い事や塾などの学校外活動費は地域や世帯収入でその傾向に違いが見られるかを調べ、そこからどういったことが言えるかを考えてみましょう。

　　　人口規模別にみた学校外活動費　　　　　　　　　　　　　　　　　

　　　世帯収入別にみた学校外活動費　　　　　　　　　　　　　　　　　

2. 議論して、発表してみよう

　学校が知識や技術を教える／学ぶ場であることに間違いはありません。しかし学校はそれ以外の場でもあります（第4章）。また、近年では学習塾にも学校と同様に多様な教育機能が求められるという事実もあります（第6章）。それでは、学校での教師による教育実践が親や国家との複層的な関係性のもとで行われることをふまえるならば（第5章）、これからの学校はどのような場としてどのような教育実践をすることが求められることになるでしょうか。

3. 教育学的思考を育むための文献紹介

①アーヴィング・ゴッフマン（2012）浅野敏夫訳『儀礼としての相互行為——対面行動の社会学』法政大学出版局：私たちが日常生活のなかで何気なくふるまう儀礼的行為の社会的機能を明らかにしています。教室観察に関心がある人はぜひ読んでみてください。

②高松（森）みどり（2014）『教室のドラマトゥルギー』北樹出版：ゴッフマンの理論を教育学に適用すると何ができるのか。その一例が本書では子どもが「学童」になる状況を浮き彫りにするという形で示されています。

③堀尾輝久（1989）『教育入門』岩波書店：日本における戦後教育学の１つの到達点が簡潔にまとめられています。これからの教育を考える上でも必読書の１つと言えるでしょう。

④松岡亮二（2019）『教育格差』筑摩書房：子ども自身ではどうにもならない初期条件（出身家庭と地域）によって人生の選択肢や可能性が制限されてしまう日本社会の現状を暴き出しています。

⑤ジョン・スチュアート・ミル（2020）『自由論』岩波書店：自由について考える上で避けては通れない本です。ミルは本書で個人の自由が制限されるのは他人に危害を加える場合のみであるべきだと述べています。

⑥ダイアナ・E. ヘス（2021）渡部竜也・岩崎圭祐・井上昌善監訳『教室における政治的中立性：論争問題を扱うために』春風社：先生は学校で政治的問題に言及してはいけない？　日本の先生たちが当たり前と考えている学校での政治的ふるまいに本書は正面から疑問を投げかけます。

⑦イヴァン・イリッチ（1977）東洋・小澤周三訳『脱学校の社会』東京創元社：学校に行っただけで何かを学んだ気持ちになっていませんか。本書は人間が本来もつ学ぶ力が産業社会の進展により奪われてしまったと告発します。

⑧マーク・ブレイ（2014）鈴木慎一訳『塾・受験指導の国際比較』東信堂：学習塾などのシャドーエデュケーションに関する国際比較がまとめられています。私的教育投資がもたらす影響についても端的に述べられています。

7 学校はすべての子どもを 受け入れられるのか？

「マイノリティ」について

　高校生の頃、男子同士ではめざしている大学について自由に語り合っていたけれども、地元の大学にしか進学させないと両親から言われている者が多かった女子生徒とは進路の話ができなかったという話を、私の友人が苦い思い出として語ってくれたことがあります。一方で、女性である私自身も、「弟をなんとしても大学に行かせないといけないから、あなたを学費の高い私立大学には行かせられない」と両親から言われていました。

　20代も終わりが見えてきた今なら、男女で進路に差をつけるなど馬鹿げていると言い切ります。しかし、10代の頃はこれが親の言う「普通」なら仕方ないと半ば諦めていました。友人や私のエピソードは、「普通」として受け入れるべきでしょうか、それとも現在の私のように表立って反論してもよいものでしょうか。みなさんの経験をもとに、考えを自由に述べてください。

【自分の考え】

【そのように考えた理由】

事例：学校における差別の問題

　本節ではまず、学校で子どもたちが経験しうる差別について、トピックごとに具体例を提示します。ここで扱う内容について、「こんなことに文句を言う必要はないのではないか」だとか、「自分も身に覚えがあるが嫌だと主張してもよいのだとは思わなかった」という感想を抱く人もいるかもしれません。そういった感想をもつこと自体、決して間違いではないので、なぜそう思うのかということも考えつつ以下を読んでください。

　ここで取り上げるのは**ジェンダー**（gender）、**セクシュアル・マイノリティ**（sexual minority）、**エスニシティ**（ethnicity）に関する差別・抑圧の事例です。障害ももちろん重要なイシューですが、これについては第8章を参照してください。

1. ジェンダーに基づく差別

　学校生活のなかで、たとえば運動系部活のマネージャーが女子ばかりだったり、生徒会長が男子ばかりだったり、行事の準備で力仕事をしなければならない時は男子が中心になったりと、男女で異なる役割が与えられていたことはないでしょうか。本章の冒頭で紹介したようなエピソードもそうです。あるいは、「女子は理系に向いていない」と言われたことがある人もいるかもしれません。

　現在はもうほとんど見られなくなったようですが、2000年頃までは児童生徒の名簿は男女別であることがしばしばありました。名簿の上半分は男子、下半分が女子というものです。しかしその後、常に「男」の下に「女」が置かれるというイメージを女子の児童生徒に与えるという問題がフェミニズムの観点から指摘されたことで、男女別名簿は多くの学校で廃止され、現在では男女混合名簿が主流となっています。

　授業に目を向けると、1989年の学習指導要領改訂まで、中学校の「技術・家庭」では女子が「家庭」を、男子が「技術」を学ぶというカリキュラムが正

当なものとされていました。さらに高等学校では女子のみ家庭科が必修でした。しかしその後、1979年に採択された女性差別撤廃条約の批准に向けた法整備に伴い、性別役割分業を助長する男女別履修が問題視され、1989年の学習指導要領改訂を経て、1993年に中学校で、1994年に高等学校で、男女同修の新カリキュラムが開始されました。

　男女別名簿についても家庭科の男女別履修についても問題とされたのは、男女が異なる能力や資質をもっていることを、児童生徒に教える結果になるという点でした。男女別名簿を使用し続けると、女子は「私たちは常に後回しで男性が優先」と思うようになるかもしれませんし、家庭科が男女別履修であることで、「家庭」の授業で教わるような食事や被服に関する知識や技能は女性がもつべきものであり、「技術」で教わるような大工仕事は男性向けなのだと、子どもたちに伝えることになるかもしれません。このように、カリキュラムに明文化されていないものの、学校での活動や教師・生徒間の関係、教師の態度など、日常を通じて無意識に伝達されるふるまいや価値観、規範のことを**隠れたカリキュラム**（hidden curriculum）と呼びます。

　先にあげた「運動系部活のマネージャーは女子、生徒会長や力仕事をするのは男子」という性別役割分業において、子どもたちは、それぞれの作業が男子／女子向きであることを隠れたカリキュラムとして学ぶのみならず、マネージャーのようなケアを担う役割は男子に向かず、生徒会長のようにリーダーシップを発揮する役割や力仕事のような体力の必要な作業は女子に向かないということをも学ぶ可能性があります。男女が異なる能力や資質をもっているのだと児童生徒に教えるような隠れたカリキュラムは、少なからず性差別を助長する装置であり、さらに自身の性には向かないとされる行為の遂行を望む児童生徒にとっては、抑圧的な環境を作り出すものでもあると言えるでしょう。

2. セクシュアル・マイノリティの子どもに対する差別

　LGBT（レズビアン・ゲイ・バイセクシュアル・トランスジェンダーの頭文字を取ったもので、クィア queer あるいはクウェスチョニング questioning を追加し**LGBTQ**と表記され

ることも多い）という用語がずいぶんと一般的になりました。セクシュアリティとは性自認、性的指向、ふるまいや言動などによって表現される性などをも包含した人間の性のあり方を示すことばです。セクシュアル・マイノリティとはＬ、Ｇ、Ｂ、Ｔの頭文字にあてはまる人のみならず、多数派のセクシュアリティ——シスジェンダー（身体の性と性自認が一致する人）の異性愛者——とは異なるセクシュアリティ（性のあり方）をもつ人々のことを指します。そのため、セクシュアル・マイノリティと言っても女性を好きになる女性もいれば、男性の身体をもちつつ女性として生活している人もおり、その内実は多様です。当然、セクシュアル・マイノリティの子どもが学校で経験することも、そのセクシュアリティによってさまざまです。

　すべてのセクシュアル・マイノリティを取り上げるのは難しいので、ここではひとまずトランスジェンダーの子どもの例を検討します。先の項では、性に関わる隠れたカリキュラムによって、学校が男女を明確に区別する空間となり、子どもが身体の性に基づいて男／女としてふるまうようになる可能性について述べました。トランスジェンダー、すなわち性別違和のある子どもたちはそうした男女の区別自体に葛藤を覚えることでしょう。葛藤の瞬間が無数にあるなかでもっとも目に見えやすい形でそれが現れる例として、男女で異なる制服について考えてみましょう。性別違和を抱える子どもにとって、望まない性の服を着ることが苦痛であろうことは容易に想像できるのではないでしょうか（あまりピンとこないシスジェンダーの人は、自分が異性の制服を着なければならないことを想像してみてください）。それに加えて、制服のない小学校では男女ごちゃ混ぜの人間関係を築くことができたのに対して、中学校で制服を着ることによって男女の境界が目に見えるようになり、人間関係も男女で分断されるようになります。制服によって、トランスジェンダーの子どもは「自らがありたい性とは異なる性別の人間関係の中に自らをカテゴライズしなくてはならな」（土肥 2016, 57-58頁）くなるのです。

　ここでは便宜的に「ジェンダー」と「セクシュアル・マイノリティ」を別の項に分けて論じましたが、両者の結びつきにも留意する必要があります。ジェ

ンダーは、身体的・生物学的な性と対置され、社会のなかでとらえられている性のことを表すことばなので、性のあり方、すなわちセクシュアリティと関連があるのは必然です。男女別の制服はトランスジェンダーの子どもにとってだけではなく、シスジェンダーの子どもにとっても男女の境界を明確にし自由な性の表現を封じるという点で、居心地を悪くしてしまうものでもあるのではないでしょうか。トランスジェンダーの生徒とシスジェンダーの生徒とで制服に対する見方が異なるであろうことには注意しなければなりませんが、ここで制服は、性を「男」と「女」の**性別二元論**を強化する装置として機能し、誰の目にも明らかになるような形で生徒たちを男と女の2つのカテゴリーに分けてしまいます。

　ゲイやレズビアン、バイセクシュアル（男性と女性の両者を好きになる人）、パンセクシュアル（あらゆる性の人を好きになる人）など、異性愛以外の性的指向をもつ人に目を向けてみましょう。「ホモ」ということばがありますが、これは生物学などで使われる場合を除けば、ゲイに対して差別的な意味合いで使われることが多いことばです。女性的、中性的（ということば自体も批判されるべきですが、便宜的に使用します）な男性や、文字通り同性愛者の男性を「ホモ」として「いじる」という差別行為が行われることがありますが、これは異性を好きになるという異性愛が「普通」であり、それ以外を「異常」と見なす**強制異性愛主義**に基づくものと言えるでしょう。

　ジェンダーやセックス、セクシュアリティの結びつきについて論じた**J. バトラー**（Butler, J.）は、強制異性愛主義が性別二元論によって強化される（バトラー 2018, 55頁）ことに言及しています。すなわち、強制異性愛主義を存続させるためには性別二元論が必要不可欠なのです。異性愛が当たり前であるためには、性が「男」と「女」の2つのみでなければならないからです。先にセクシュアル・マイノリティは多様でありその経験も多様であると述べましたが、被差別経験に通底する強制異性愛主義と性別二元論は別個のものではなく、ジェンダーやセクシュアリティの概念とも地続きと言えます。

3. 外国ルーツの子どもに対する差別

ここで「外国人」ではなく「外国ルーツ」ということばを用いるのは、たとえば両親の片方が日本人でもう片方が外国人であるいわゆる「ハーフ」と呼ばれる人々や、外国の背景をもっているけれども日本国籍である人々のことも想定しているからです。エスニシティ（ethnicity）ということばがあって、しばしば「民族」や「民族性」と訳されますが、ここで扱うのは多様なエスニシティをもつ子どもたちのことです。

まず、外国籍の子どもは日本において学校に通わなければならないのか、すなわち**義務教育**の対象となるのかどうかについて確認しましょう。義務教育は、日本国憲法、教育基本法、学校教育法で規定されており、「国民がその保護する子女に普通教育を受けさせる義務」（日本国憲法第26条第2項）を意味します。つまり、義務教育とは「子どもが教育を受ける義務」ではなく、「保護者が子どもに教育を受けさせる義務」であって、子どもにとっては「教育を受ける権利」を保障するものです。ただし、これは「国民」に対するものであり、外国籍の子どもには適用されないこととなっています。たしかに、文部科学省は2020年に「外国人の子供の就学促進及び就学状況の把握等に関する指針」として、外国籍の子どもへの就学機会の提供を全国的に推進するという「指針」を示しており、実際に多くの外国籍の子どもが日本の学校に就学しています。しかし「法律上」義務教育の対象外であるということは、教育を受ける権利が十分に保障されていないということでもあります。

教育基本法には、「教育は、人格の完成を目指し、平和で民主的な国家及び社会の形成者として必要な資質を備えた心身ともに健康な国民の育成を期して行われなければならない」（第1条）と教育の目的が掲げられています。ここでも「国民」の育成が目的とされており、日本人を育てることが想定されていると考えられます。誰が「国民」なのかという議論はさておいても、日本人の両親から生まれ、日本で育った日本国籍の日本人という枠から外れる子どもに向けた教育は法によって保障されておらず、その実践は現場しだいであるという現状があります。

外国ルーツの子どもと一口に言っても、来日して間もないニューカマーの子どももいれば日本育ちで日本語を母語とする子どももおり、学校生活で問題となることも多様です。言語という点では、日常会話レベルの日本語が話せても、学校の勉強についていくレベルには達しておらず、その結果学業不振に陥るというケースがしばしばあります。また言語がわからないことでいじめに発展するケースもあります（児島 2006, 82-83 頁）。文化という点では、たとえば海外には子どももピアスを着用する地域がありますが、日本の学校では往々にしてアクセサリー類の着用が禁止されているということなど、海外の文化と日本の文化のあいだで差異が生じるところに文字通りのギャップが生まれます。また、見た目によってからかいやいじめを経験する場合もあります。

　さらに、外国ルーツの子どもが日本では少数派の宗教に属する場合もあります。とりわけイスラム教においては、1 日 5 回の礼拝やラマダーン中の断食、豚食の禁止、女性のヒジャーブ（ムスリム女性が頭髪を覆うヘッドスカーフ）着用などといった信仰実践が日常的に行われますが、日本で学校生活を送りながらこれらを実践するのは難しいという現状があります。児童生徒や保護者が学校と話しあいをして、たとえば礼拝のために空き教室を確保したり、給食の代わりに弁当を持参することなどを取り決める場合が多いようですが、そもそも交渉が必要であるということ自体、マイノリティの子どもに重圧を負わせる構造があるということを示唆しているのではないでしょうか。

　教育内容に目を転じれば、教育基本法第 2 条第 5 項では、教育の目標として「伝統と文化を尊重し、それらをはぐくんできた我が国と郷土を愛するとともに、他国を尊重し、国際社会の平和と発展に寄与する態度を養うこと」が掲げられています。日本以外の国・地域にルーツをもつ子どもに対し、両親ともに日本人で、なおかつ日本で生まれ育った子どもと同様の「郷土を愛する」心の涵養を期待できるでしょうか？　そもそも郷土愛に限らず愛情とは、自分以外の人やモノと関係を築くなかで育まれるものであり、学校で教師が教えれば必ず身につくというものではないはずです。外国ルーツの子とそうでない子とでは、日本という国そのものや暮らしている地域に対する見方はおそらく異なっ

ており、それらとの関係のあり方も異なるでしょう。それにもかかわらず、郷
土愛と国際性の項目は道徳のカリキュラムにも含まれています。教師になると
いうことは、外国ルーツの子どもがいる教室で郷土愛について教えなければな
らないということでもあるのです。

第2節 教育におけるマイノリティの問題を 考えるための理論的観点

　教育におけるマイノリティや差別の問題について、あくまでも一部ではあり
ますが、第1節で紹介しました。本節ではそれについて考えるための手がかり
となる理論的観点を3つ提示したいと思います。1つめは学校における差別の
諸相を俯瞰的に考察するための包摂／排除の観点、2つめはマイノリティの立
場そのものの複雑さを理解し、その経験を社会全体で政治的なものとして共有
しようと試みるフェミニズムとインターセクショナリティの観点、3つめはマ
ジョリティとはどのような人々なのかを考えるための特権という観点です。

1. 包摂／排除

　ここでは包摂（inclusion）と排除（exclusion）という概念を用いて、教育にお
ける差別の問題について考えてみたいと思います。排除の対象となる子どもた
ちを教育に取り込もうとする取り組み、すなわち包摂は、もちろんこれまで議
論され、実践されてきました。一方で、包摂の取り組みがまったく排除なしに
なされるわけではないということも明らかになっています。本節では、具体事
例の検討を通じて、マイノリティの子どもたちが学校で「問題」となる時に、
包摂と排除をめぐって何がその焦点となるのかについて考えてみたいと思いま
す。

　倉石は、包摂と排除は常に抱き合わせで起こることを示し、それを「入れ子
構造」（倉石2012, 110頁）と名づけました。それがどういうことなのか、検討し
てみましょう。

倉石が指摘した在日朝鮮人教育の事例を取り上げてみます。1965年に文部次官名で、日本の学校に通う在日朝鮮人の児童生徒を日本人児童生徒と「同様の取り扱い」とするという旨の通達がなされました。この通達は、皮肉にも外国籍の子どもに就学義務が課されないこと、すなわち義務教育によって生じる子どもの教育を受ける権利が保障されないことを明確にしました（排除1）。その上で、授業料無償や教科書無償などといった権利は日本人と同様に享受できることになりました（包摂1）。さらに、「同様の取り扱い」とは教育課程においても行われるものであり、カリキュラムにおいて朝鮮人教育を含めてはならないこと、つまり在日朝鮮人児童生徒のルーツや背景は考慮されないことも明確になりました（排除2）（倉石 2012, 105-109頁）。在日朝鮮人の子どもに対する義務教育の非適用という排除1の救済策として包摂1が目論まれたものの、現場の教師たちが「同様の取り扱い」を忠実に実行すればするほど、排除2が強化されます。これが包摂と排除の「入れ子構造」です。

　包摂の対象を定めるということは、また別の何かを排除することでもあります。1965年文部次官通達の例では、「同様の取り扱い」という包摂が在日朝鮮人児童生徒のエスニシティの否定という排除を生み出しました。第1節で言及したムスリムの子どもの例だと、彼らが学校内で礼拝や食事などの信仰実践を行うことを要求すればそれを「認める」という包摂のあり方は、彼らが交渉によって特例として「認め」られなければならない存在であること、いわば日本の学校に通う児童生徒としては異質の、特別扱いが必要な存在であることを浮き彫りにしてしまっているのではないでしょうか。

　包摂／排除の概念は、単に「包摂」の取り組みがマイノリティを取りまくあらゆる差別の問題を解決できるわけではないということを明らかにするものではありますが、この議論をすることそれ自体、「入れ子構造」のごとく堂々めぐりの議論をすることとほぼ同義であることは否定できません。言い換えれば、「入れ子構造」は差別が完全にはなくならないということを明らかにしているということでもあります。しかし、義務教育の対象外である在日朝鮮人の子どもが実際にどのような学校生活を送っているかとか、ムスリムの子どもが

どのようにして学校で信仰実践を行っているかという、その実践のプロセスのなかにこそ、抱き合わせで生じた排除を打開する可能性が秘められているのではないでしょうか。それもまた排除を生み出すのかもしれませんが、それを認識することで、また別の形の包摂の取り組みをスタートすることにもつながるとも言えます。

　もうひとつ、読者のみなさんにぜひ考えておいていただきたいことがあります。それは、教師も多様な存在でありうるということです。障害のある先生やセクシュアル・マイノリティの先生、外国ルーツの先生など、さまざまな背景をもつ教師がすでに活躍しています。本来は教師自身の経験も、教育における包摂と排除のひとつとして取り上げられるべきでしょう。「私はマジョリティの側だ」と思っている読者も少なくないと推測しますが、マイノリティとしての背景をもつ同僚教師とともにどのように働いていく（ことができる）か、考えておく必要もあるでしょう。逆に「私はマイノリティだ」と思っておられる人は、あなたがあなたの立場から、どのようにほかの教師や子どもたちと関わってみたいでしょうか。

2. フェミニズムとインターセクショナリティ

　包摂／排除の概念は学校や教育における差別の問題を俯瞰的に検討するために用いることができました。つぎはマイノリティの立場から学校や教育がどう見えているのかということに着目し、フェミニズムとインターセクショナリティの視点から検討してみたいと思います。

　アメリカの中産階級の女性が担い手となり 1960 年代以降に広がった第二波フェミニズムのスローガンとなったのが、「**個人的なことは政治的なこと (The personal is political)**」ということばです。性別役割分業により男性は外＝「公」で仕事をし、女性は家＝「私」で主婦として家庭を守るというのが当たり前だったことを批判するためのスローガンです。このスローガンは、主婦として家庭に入るという女性の選択は個人による「私」的なものではなく、社会全体（「公」）のシステムを形作っている性差別に根ざしているため、「私」的なこと

を社会全体の問題として取り上げるべきだという女性たちの告発を促すための
ものでした。

　木村は第二波フェミニズムによって日本の教育がジェンダーの観点から見直
されてきたことを指摘しています。フェミニズム教育批判によって明らかにさ
れたのは、中等教育が男女別学で高等教育は男性しか享受できなかった戦前・
戦中とは異なり、戦後は教育制度上の明白な男女差別はなくなったものの、第
1節で述べたような「見えにくい差別」が日本の学校教育において存在してき
たことでした（木村 2000. 36-37 頁）。

　木村も指摘する通り、第二波フェミニズムの「個人的なこと」＝「私」と
「公」の区別の解体をめざすという性質上、教育においてフェミニズム批判を
貫徹することは困難と言えます（木村 2000. 41 頁）。しかし、個人の経験という
レベルからも学校や教育を見直すフェミニズム批判は、教育におけるマイノリ
ティの問題をとらえる上でも有効と言えるでしょう。こうした批判をみずから
教師として行うことに対しては、教育や学校のなかの性差別を告発するばかり
でなく、教師自身の価値観や私生活の見直しにもつながるため、不安や抵抗を
感じる人もいるかもしれません。しかし、この種の批判は、児童生徒とどう関
係を作るか、教師としてどうふるまうかということを考える際の判断材料には
なりうるのではないでしょうか。

　フェミニズムにおいて、女性でありながらその存在が見落とされてきた女性
が存在したことも明らかになっています。ベル・フックス（hooks 1981 = 2010）
は白人の中産階級の女性がその担い手となったフェミニズムにおいて、黒人女
性の苦しみに目が向けられてこなかったことを鋭く批判しました。みずからも
黒人女性としてアメリカ南部に生まれ育ったフックスは、その著作『私は女性
ではないの？』で、フェミニズムにおいて「女性」ということばが指し示した
のは白人女性だったと指摘しています。

　ブラックフェミニズムの議論を引き継いで、クレンショウは**インターセク
ショナリティ**（intersectionality）概念について、これを交差点にたとえて説明し
ました。黒人女性は交差点の中央に立っており、車（差別）はさまざまな方向

からやってきます。「交差点（intersection）で事故が起きた場合、いくつもの方向から来る車が原因となることもあれば、あらゆる方向から走行してきた車が原因である場合もありうる」（Crenshaw 1989, p. 149）のであって、交差点の中央に立っている人は、交差点ではない道路に立っている人とは異なり、事故がどう起きるか予測するのが難しい状況に立たされているのです。クレンショウが交差点のメタファーを用いて説明を試みたインターセクショナリティは、黒人女性のように性差別、人種差別、障害者差別、セクシュアル・マイノリティへの差別、階級差別など、さまざまな差別が交差するような立場にある人の経験は、そうでない人と異なるのだということを示す概念として用いられるようになります。

　「異なる」経験とはつまり、単に黒人女性が黒人に対する人種差別と女性に対する性差別の両方を受けているのだと「足し算をする」わけではありません。そうではなく、黒人女性しか受けることのない差別の経験があり、その差別は白人女性や黒人男性が経験することのないものだということなのです。第二波フェミニズムにおいても公民権運動においてもその存在が見落とされてきたという黒人女性の経験こそ、まさにこの「異なる」経験と言えます。インターセクショナリティとは、人間の生きる現実の複雑さに目を向けるよう注意を促し、異なる条件のもとで生きる人が異なる経験をしていることを示すための概念だと私は考えています。同時に、インターセクショナリティの観点を是とすることは、女性たち全員が「同じ女性」ではないということを認めることでもあります。フェミニズムによる教育批判で女子の経験が取り上げられるようになりましたが、それも一枚岩ではないことを再考するために、インターセクショナリティという視点を有効に取り入れることができるでしょう。

3. マジョリティの特権
　上記２つのアプローチは主に被抑圧者としてのマイノリティに着目するものでした。ここでは逆にマジョリティに着目し、マジョリティがいったいどのような人々であるのかということについて考えてみたいと思います。

ここでは出口のことばを借りて、「特権」を「あるマジョリティ側の社会集団に属していることで労無くして得る優位性」（出口 2021, 165 頁）と定義したいと思います。この種の特権にはたとえば健常者特権、異性愛者特権、男性特権、民族・人種的特権、シスジェンダー特権など（出口 2021, 166 頁）があります。

　第 1 節でトランスジェンダーの生徒と制服の問題について論じましたが、シスジェンダー特権という観点から見ると、シスジェンダーの生徒は何を要求せずとも、みずからの性のあり方に合致する制服があらかじめ用意されるというシスジェンダー特権をもっています。外国籍の児童生徒が義務教育の対象外であるという問題に対しては、日本国籍の子どもは、義務教育によって教育を受ける権利が確実に保障されるという日本人特権をもっていると言えます。

　マイノリティにも特権があるのではないかと考える人もいるかもしれません。東京大学では女子学生を対象に家賃の一部を補助する制度が取り入れられています。この制度の導入が発表された当初、「男子差別だ」という批判がインターネット上で多数湧き上がりました。しかしこの制度の目的は、女子を優遇することではなく、女子学生比率の低さという東京大学の抱える問題を解決することでした。大学進学機会はどの高校生にも平等に与えられてはおらず、まさに冒頭のエピソードの通り、生徒たちは性差別や出身地、保護者の所得や価値観などの要素に影響を受けつつ、高校卒業後の進路を決定することになります。そのような現実において、とりわけ地方出身の女子生徒は首都圏の難関大学に進学する機会を得にくい条件を抱えています。この制度は彼女らの進学後のサポートとして考案されたものなのです。つまり、マイノリティになんらかの配慮を行うことは決して彼らに特権を与えるためではなく、特権をもたないことで受ける不利益の是正のためと言えます。

　特権とインターセクショナリティを結びつけて考えてみると、特権とはもっているかいないかという二択では理解できないものであることがわかります。図 7-1 をご覧ください。あてはまる箇所に丸をつけていくと、丸のつく位置は人それぞれ異なるはずです。左寄りについている丸が多い人ほど、マジョリティ性をより多くもっていることになります。どのようなマジョリティ性をど

のくらいもっているかということがあなたのマジョリティ性であり、あなたのもっている特権です。

この図に照らし合わせると、マイノリティであってもなんらかのマジョリティ性をもっている場合があることがわかります。トランスジェンダーの人も健常者で日本人である場合もあ

マジョリティ性	←→	マイノリティ性
日本人	←→	非日本人（外国人）
高学歴	←→	低学歴
健常者	←→	障害者
男性	←→	女性、ほか
異性愛者	←→	同性愛者、他
シスジェンダー	←→	トランスジェンダー、ほか
高所得	←→	低所得
大都市圏在住	←→	地方在住

あなたはマジョリティ性とマイノリティ性ではどちらが多いですか。自分のあてはまる箇所に〇を記入してみましょう。

図7-1　出口（2021, 167頁）より

れば、外国人でも男性で異性愛者であるというふうに、1人の人がマジョリティ性とマイノリティ性を両方もつことができますし、マジョリティ性・マイノリティ性が人生のなかで変わっていく場合もあります。このことをふまえると、もはやマジョリティ・マイノリティの二項対立で考えることはできないようにも思われます。

各人が特権について知ることで期待されるのは、「①差別の問題をマジョリティ側が自分事として捉えられる、②特権があることで社会を変えやすい立場にいることが自覚できる、③アライ（マイノリティの理解者としてのマジョリティ：筆者注）となることでマイノリティとマジョリティがともに生きやすい社会が実現できる」（出口2021, 170頁）の3点です。それぞれがもっている特権を、マジョリティがマイノリティを踏みつけて得られたものとしてではなく、問題を解決する推進力としてとらえ直せば、誰もが差別の問題に当事者として関わることができるようになるのではないでしょうか。

第3節　実践に向けて──手の届く範囲から考える

私は発達障害の女性です。障害者の女性という二重にマイノリティとしての条件を抱えてはいますが、比較的裕福な家庭で育ち高度な教育を受けてきたと

いうマジョリティ性ももち合わせています。幼少期から思春期にかけては、発達障害の特性ゆえに口や手が出やすいという点に「女らしさ」の欠如を感じていました。当時、発達障害は特別支援教育の対象ではなかったということもあり、自身を発達障害者としてアイデンティファイすることすらありませんでした。障害者ではなく一般的な「女の子」として扱われることは、今思えば、黒人女性の存在が第二波フェミニズムのなかで取りこぼされてきたのと同じように、本来の自分が受け入れられていなかったということでもあると思います。

　大学院の学生である現在、大学から障害のある学生に対する支援を受けるようになり、健常者のそれに近い学生生活が送れるようになってきていることを感じていますが、支援を受けるための打ち合わせに長時間費やしている時、自分が特別な配慮の必要な存在であるということも痛感しています。まさに包摂と排除が入れ子状に起こっている例と言えるでしょう。加えて、障害者としての私が受け入れられ、本来の自分の存在が肯定されることにエンパワーされるのを感じる一方で、私が支援を受けられるのは大学のなかだけであり、大学の内部と外部で私を分断した上での支援でもあります。

　冒頭のエピソードに戻りましょう。これを包摂／排除の観点から見れば、高校卒業などといった一定の条件を満たすすべての人々に高等教育が開かれている（包摂）のに対し、一部の女性が性差別などの影響を受け自由な進路選択ができなくなっている（排除）と考えられます。フェミニズムやインターセクショナリティの視点から見ると、「地方出身」「女性」という2つの条件をもっている者が高等教育を希望通りに享受できないという経験をしていることが見落とされがちであると理解できます。特権という観点から見れば、とりわけ「首都圏・都市部出身」「裕福な家庭の出身」「男性」という条件に、自由な進路選択ができるという特権が結びつくとも考えられます。

　残念ながら、第1節であげたように社会における差別の問題は学校のなかにも持ち込まれます。教師としてそれらと向き合う際に第2節で提示した観点から、事象を観察したり、問題に取り組んだりしてみるとよいでしょう。包摂／排除の視点は問題を観察するのに有用です。フェミニズムのやり方で個人の経

験に目を向け、それをみんなの問題ととらえるのもよいでしょう。特権については、教師となるみなさんが自身の特権について自覚するばかりでなく、児童生徒とともに特権について考えるという取り組みもありえます。私が「私」という普段から用いている一人称で本章を書いたことには、個人的なことの政治化を試みたフェミニストたちに倣って、実際に私の経験を理論と結びつつ提示しようという意図がありました。まずはみなさんの手の届く範囲から、教育におけるマイノリティの問題について考えてみてください。

（保道　晴奈）

演 習 問 題

　学校におけるマイノリティの問題について、大学進学以外の具体例を 1 つあげ、それらについて第 2 節で示した 3 つの観点から考察しましょう。本章に出てきた具体例でもかまいません。

【引 用 文 献】

Butler, J.（1990）*Gender Trouble: Feminism and the Subversion of Identity*, Routledge, Champman & Hall, Inc..（バトラー，J.（2018）竹村和子訳『ジェンダー・トラブル――フェミニズムとアイデンティティの攪乱　新装版』青土社.）

Crenshaw, K.（1989）"Demarginalizing the Intersection of Race and Sex: A Black Feminist Critique of Antidiscrimination Doctrine, Feminist Theory and Antiracist Politics," *University of Chicago Legal Forum*, vol. 1989, Issue. 1, Article 8, pp. 139-67.

出口真紀子（2021）「みえない「特権」を可視化するダイバーシティ教育とは？」，岩渕功一編『多様性との対話――ダイバーシティ推進が見えなくするもの』青弓社，165-174 頁.

土肥いつき（2015）「トランスジェンダー生徒の学校経験――学校の中の性別分化とジェンダー葛藤――」，教育社会学会編『教育社会学研究』第 97 集，47-66 頁.

hooks, b.（1981）*Ain't I a Woman?: Black Women and Feminism*, South End Press.（ベル・フックス（2010）大類久恵監訳『アメリカ黒人女性とベル・フックスの「私は女ではないの？」』明石書店）

木村涼子（2000）「フェミニズムと教育における公と私」，日本教育学会編『教育学研究』第 67 号
　3 巻，34-42 頁．

児島明（2016）『ニューカマーの子どもと学校文化——日系ブラジル人生徒の教育エスノグラ
　フィ』勁草書房．

倉石一郎（2012）「包摂／排除論からよみとく日本のマイノリティ教育——在日朝鮮人教育・障害
　児教育・同和教育をめぐって」，稲垣恭子編『差別と排除の〔いま〕第 5 巻　教育における包摂
　と排除　もう一つの若者論』明石書店，101-136 頁．

8 障害のある子どもと共に学ぶとはどういうことか？

「障害と教育」について

　近年、障害のある子どもと共に学ぶ**インクルーシブ教育**がさまざまな場面で肯定的に論じられています。とはいえ、共に学ぶとはどういうことでしょうか？それは本当に必要なのでしょうか？ また共に学ぶことにどのような意味があるのでしょうか？ たしかに現在、**特別支援教育**という枠組みにおいて、障害のある子どもが部分的に通常学級で学ぶ「**交流および共同学習**」、あるいは通常学級に在籍しながら必要に応じて特別な場で指導を受ける「**通級指導**」などが強調されています。とはいえ、それだけで共に学ぶことが実現されるのでしょうか？ こうした疑問についてまずは考えてみましょう。

【自分の考え】

【そのように考えた理由】

特別支援教育と能力主義

　障害のある子どもと共に学ぶとはどういうことか、それは障害当事者の権利
運動のなかで、また障害児の就学運動のなかで、幾度も投げかけられてきた問
いになります。私たちの社会や教育はこれまで、実際には「共に」を回避し、
障害のある人を分離し排除してきました（第2節参照）。コロナ禍においてそう
した歴史が過去のものではないことが明らかになったのではないでしょうか。
「共に」は、さまざまな場所で脅かされ、危機に陥りました。だからこそ、共
に学ぶことの内実や意味をあらためて考えたいと思います。

　本章の目的は、障害のある子どもの能力を引き出す教育実践とは何か、ある
いは平等で効果的な教育方法とは何かなどを考えることではありません。むし
ろ、そうした考えは、共に学び共に生きることを阻む何かを含んでいるのでは
ないか、そのことを検討していきたいと思います。実際、これまで幾度もなさ
れてきた「共に」をめざす試みは、能力や平等といった教育の根幹にある考え
に変更を迫るものでした。以下ではまず、障害児教育の現状を概観します。そ
の上で、「共に」の試みが能力や平等といった教育の前提に、いかなる挑戦を
突きつけてきたのかを見ていきましょう。

　この20年のあいだ、障害のある子どもたちを取りまく状況はめまぐるしく
変化してきました。日本の障害児教育はかつて特殊教育と呼ばれ、通常教育と
は異なるものと認識されていました。しかし1990年代末頃より、それまで見
過ごされてきた知的障害を伴わない発達障害（LD、ADHD、自閉症など）が着目
され、通常学級にもそうした子どもがいると考えられるようになります。2005
年に発達障害者支援法が施行され、それに伴って通常学級の教員たちも障害の
さまざまな知識をもつことが必要とされました。

　2007年にはこれまでの障害児教育を改革するとして、特殊教育からの移行
を掲げた通知「特別支援教育の推進について」が文部科学省より出されます。
この通知では、重度重複障害や発達障害への対応を強調するとともに、「**一人
一人の教育的ニーズ**」にそった「**自立や社会参加**」に向けた支援という理念が

明確にされました。これによって、個別指導計画の作成やきめ細かい支援が求められるようになります。こうして、障害の専門知識を基盤としながら、個々のニーズを可視化し、指導を行う体制が作られていったのです。

　このような特別支援教育の展開は、障害児教育の発展として評価される一方で、さまざまな問題を指摘することもできます。第1に、個別のニーズ、個別の計画、個別の指導といった形で、過度に「個別に」が強調されることです。その結果、「共に」は「個別に」を補足する二次的なものとして位置づけられることになります。第2に、特別支援教育がもっぱら、「個人の能力」を最大限引き出すことをめざすことです。そこでは「個人の能力」を偏重する社会のあり方自体が問われることはありません。第3に、特別支援教育は個別に即した能力開発であるがゆえに、目標や計画性に固執し、子どもの声に寄り添うよりも、形式的プログラムの偏重になるのではないかという懸念です。

　実際、特殊教育から特別支援教育への転換が示すのは、一面では障害のある子どもが、現代的な能力主義のもとで過酷な競争に巻き込まれつつあるということです。教育社会学者の本田由紀が「**ハイパーメリトクラシー**」として論じたように、現代の教育は、旧来型の学力だけでなく、コミュニケーション力、表現力、リーダーシップなどさまざまな能力を評価の対象とするようになっています。子どもたちは、かつて以上に過酷な人間性の競争に放り込まれ、みずからの能力を効率的に開発し発揮するように追い立てられているのです。そして障害のある子どももまた、特別支援教育における個別の能力開発を通じて、絶えず自分自身とその環境を管理・調整することを求められるようになっています。その意味でかつての学力競争は、よりいっそう過酷なものへと質を変えて全面化しているのです。

　さらに言えば、個別の能力開発は、ハイパーメリトクラシー時代の教育全般のモデルになりつつあります。いまや通常教育も、「個別に」という特別支援教育の論理でとらえ返されようとしています。それは、たとえばICTを活用した「個別最適化された学び」といった標語にみることができます。とはいえ、個別の能力を重視するこうした考えこそ、この50年のあいだ障害当事者

の運動が、「共に」の視点から問題視してきたものでした。

　1970年頃より、イギリスやアメリカで障害者権利運動が活発化し、当事者を中心とした障害学が発展しました。そこで主張されたのは、人々の多様な差異を能力の有無に還元し、障害のラベルを貼りつけ、障害を作り出しているのは社会である、という「**社会モデル**」の考え方でした。すなわち、能力に対する固定的な見方、異質な者へのラベリング、配慮を欠いた環境などによって、日常的に多様な分離がなされ、障害者が周縁部に追いやられてきたというのです（社会モデルについては、川越・川島・星加 2015 などを参照）。

　さらに障害学は、能力をとらえるあらたな方向性を示していきます。能力とは、個人のものというより、関係的で流動的なものであり、多様な仕方で現れうるという見方です。たとえば、脳性まひの人のことばがわからないのは、話す側の発語だけでなく、周囲の状況や聞く側の受け取る力の不足も関与しています。その意味で能力は常に相補的なものです。そして関係的な能力は共同的にのみ養われるがゆえに、分離ではなく、共に学び共に生きることが重要とされるのです。こうして「共に」の視点で能力や社会をとらえ直し、障害当事者を周縁に追いやるヒエラルキーを転倒させる試みが展開されていきました。

　2006年に国連で採択された障害者権利条約は、「社会モデル」を取り入れます。そして「**合理的配慮**」という考えを基本に据え、共に学ぶ**インクルーシブ教育**を掲げました。合理的配慮とは、障害のある人の平等を保障するため、必要な変更や調整を行わなければならないという考えです。そこには、同じ扱いは必ずしも平等につながらないという発想とともに、能力を環境の調整が必要な関係的なものとしてとらえる視点があります。日本でも、2012年に文部科学省からインクルーシブ教育に関する報告が出され、2013年には合理的配慮を軸とする障害者差別解消法が制定されました。

　けれども、合理的配慮やインクルーシブ教育が制度的に推進されるとともに、能力のとらえ直しや「共に」の視点は骨抜きにされ、ハイパーメリトクラシーに取り込まれていったという印象は否めません。文部科学省による2012年の報告では、インクルーシブ教育を実現するために、個別重視の特別支援教

育を推進することが表明されています。しかし「個別に」を進めた先に「共に」があるというのは、控えめに言っても詭弁ではないでしょうか。特別支援教育が強調するような「交流」や「通級指導」において、共に学ぶことは、個々の能力を引き出すかぎりで、あくまで二次的に位置づけられるにすぎません。能力を個人のものとする見方が揺らぐことはないのです。

　実際、部分的な交流や通級指導などの試みは、障害のある子どもたちを包摂しながらも、「共に」を実現するというより、仔細な分離として機能してきたように思います。多様な分離と包摂がくり返されるなかで、競争が促進され、障害のある人が排除されていること自体が見えにくくなってしまうのです。このように包摂と排除の関係は実に複雑です。教育社会学者の倉石一郎は、こうした複雑さを「**包摂と排除の入れ子構造**」という観点から説明しています。倉石の議論を見てみましょう（包摂と排除の入れ子構造については第7章でより詳しく論じられています。そちらも参照してください）。

　倉石はまず包摂の2つのモデルを区別します。1つは、周縁部の人に教育や支援を提供し、その人に変化を促すことで包摂するモデルです。これを適応主義的包摂と呼びましょう。もう1つは、資源や財を分配し、環境を部分的に調整することで包摂の範囲を拡張するモデルです。倉石はこれを、「居ながらにして」の包摂、ないしは「純包摂モデル」と呼びます。たとえば、歩き回る子どもに自己コントロールの練習プログラムを提供して通常学級に組み込むのは、適応主義的包摂になります。これに対して純包摂は、相手に変化を求めることのない包摂であり、倉石は「フリースクール登校」や「保健室・相談室・図書室登校」を出席にカウントするといった例をあげています。その上で倉石は、これら2つのモデルが共有する前提に着目します。第1に、同心円状に周縁部と中心部があり、後者が前者を包摂するというイメージです。第2に、両者のモデルとも、包摂を、済めば終わりの一回かぎりの出来事として理解するということです（倉石 2021, 10-21頁）。

　倉石は、こうした前提を乗り越えるために2つの提案をしています。1つめが包摂を、適応主義的包摂と純包摂が組み合わされ、包摂と排除が入れ子状に

絡みあう一連のプロセスとして考えることです。実際、現代日本の障害児教育は、適応主義的包摂を基盤としながら、純包摂を部分的に取り入れたものと言えるでしょう。そこでは、包摂は排除を伴い、また排除を通じて包摂がなされます。2つめが包摂を、包摂する側の視点からだけではなく、包摂される側の主体性に準拠して再考することです。倉石はそこに第3のモデルとして「**創発的包摂**」を見出します。それは、包摂する側の思惑を超え、中心と周縁の境界をかく乱し、既存の秩序を組み替えるような包摂にほかなりません。

　倉石の議論は、障害のある人たちが晒されてきた包摂と排除の複雑な機序を教えてくれるとともに、あらたな包摂へ向けてめざすべき方向性を示しています。おそらく境界をかく乱する創発的包摂こそが、能力を個人のものとする見方を揺るがします。とはいえ、このような包摂のあり方を論じるには、能力だけでなく、障害のある子どもにとって平等とは何かを考える必要があるでしょう。それは、戦後日本の障害児教育が直面してきた問いでもあります。以下では平等について、障害児教育の歴史をふまえて検討していきましょう。

第2節　異なる者と共にある平等

　平等とは何かという問いは実に厄介です。ここではまず、同じとは何か、違うとは何かについて考えてみます。私たちはみな互いに、同じとも違うとも言えます。たとえば、同一人物でも日によってパフォーマンスに細かな違いがあるかもしれませんし、多少の年齢の違いは種の違いに比べると同じに扱えるかもしれません。「同じ」と「違う」は、どのような尺度で測るかによって変わります。そして、私たちの社会や教育ではしばしば、複数の異なる尺度が融通無碍に用いられているのです。教育は一方で、「生徒」や「同一年齢」といった尺度から子どもたちを同じ存在として平等に扱おうとします。他方で、ささいな違いに着目し、テストなどの手段で違いを可視化し、場合によっては分離していきます。このように「同じ」と「違う」という異なる前提を使い分け、これによって秩序を維持するのが近代教育だとさえ言えるでしょう。

同じに基づく平等を重視するとともに、違いを前提として分離するという両義性は、戦後日本の教育を規定してきました。それは憲法26条にはっきりと見ることができます。そこには「すべて国民は、（……）その能力に応じて、ひとしく教育を受ける権利を有する」とあります。このねじれた表現には、「ひとしく教育を受ける」という平等と「能力に応じて」という違いが絡まり合っています。教育行政学者の岡村達雄や嶺井正也は、ここに戦後障害児教育の別学体制による排除が含まれていると指摘しています（日本臨床心理学会編1980、34-36頁、および第3章）。

　憲法26条が示唆するのは、倉石が言うような、排除を伴うプロセスとしての包摂です。最初に、すべての子どもを「同じ」として包摂し、つぎに能力に応じた分離が行われます。このような排除によって、より均等な第2の「同じ」が生産され、よりたしかな平等が確保されます。それを前提としながら、テストなどを通じて違いが可視化され、評価されるのです。このように、平等化による包摂と差異化による排除はくり返しなされます。そして戦後障害児教育は実際に、排除と包摂の絡みあいのもとで展開してきました。

　第二次世界大戦後、戦前の複線型が見直され、平等を謳う6・3制の公教育が整備されていきました。しかし、障害のある子どもには、「能力に応じて」通常とは異なる教育体系が前提とされます。さらに重度の障害の子どもに対しては、体制の未整備を理由に、就学免除という名で教育の場からの排除が行われました。これが最初の排除です。1979年に**養護学校の義務化**がなされます。しかし、必ずしも事態が改善されたわけではありません。重度障害の子どもの就学が可能となる（包摂される）一方、それまで通常学校に通っていた子どもが養護学校への通学を強制されたのです。こうして排除がいっそう精緻化され、平等が確保されていったと言えるでしょう（倉石2021、26-29頁）。

　しかしこうした状況に対して、異議を唱える動きが生じてきます。障害のある子どもやその親が地域の学校への就学を願い、それを支援する人たちが現れたのです。たとえば養護学校に通う脳性まひの金井康治さん（当時8歳）は、1977年に通常学校への転校を希望して拒否された後、地域の学校の校門前で

自主登校を始めます。しかし教育委員会は転校を認めず、金井さんの就学運動は実に5年に及びました。また、知能検査に携わっていた心理士たちが、個々人を差異化する検査こそ差別的な排除を助長していると疑問を呈し、やがて臨床心理学会を巻き込んだ論争へと発展します。そのなかで篠原睦治らは、知能や発達といった心理学の基礎概念に異議を唱え、障害や病を関係的にとらえる立場を提唱していきます（より詳しくは、小国編 2019 を参照）。

1970年代から80年代にかけてのこうした一連の試みは、「**共生共育運動**」と呼ばれています。そこで試みられていたのは、教育の枠を超えて既存の秩序を組み直すような包摂であったといえるでしょう。共に生き共に育つこと、それは包摂する側の思いもよらないところへ侵入し、教育の秩序体系を組み替えることを意味していました。教育史家の小国喜弘は、共生共育運動がめざしたのは、調和的な共生ではなく、しがらみのなかで「ぶつかりあいながら一緒にやる」ことであったと論じています。すなわち、すれ違いや葛藤をはらんだ「せめぎあう共生」がめざされていたのです（同上，46-50頁）。

異なる身体性をもつ子ども、知的障害のある子ども、自閉症の子ども、そうした子どもたちは必ずしも同じ世界を共有しているわけではありません。しかし、個々の世界はすれ違いながらも、わずかに接することがあります。そうした交差こそ、「せめぎあう共生」だと言えます。それは、分離による排除を通じた見せかけの平等を拒絶します。そこに響き渡るのは、異なる者と共にある平等とは何かという問いかけです。それは、これまでの教育が前提としていた同じ者同士の平等とは異なるものとなるでしょう。共生共育運動が提起したこの問いに、「共に」を考える者は、真に向きあう必要があります。

異なる身体性を有し、異なる世界を生きる子どもたち、その平等をどのように考え、いかに実現しうるのでしょうか。この問いは、決して解決済みのものではありません。合理的配慮はひとつの答えではあります。とはいえそこでも、どこまで配慮がなされるべきかは開かれた問いになります。この点に関して、近年着目されている試みの1つが、経済学者 **A. セン**（Sen, A.）と哲学者 **M. ヌスバウム**（Nussbaum, M. C.）が提唱する**ケイパビリティアプローチ**です。

政治哲学などの分野ではながらく、公正な社会の条件とは何か、社会はその成員に何を最低限保障すべきかなどの議論がなされてきました。そこでは、財や機会、または満足などが平等に保障されるべきものと考えられてきたのです。とはいえ、与えられた財を適切に用いることができるかも、どのようなことに満足するかも、人によって異なります。それゆえセンとヌスバウムは、基本的なケイパビリティを保障すべきであると主張します。ケイパビリティ（潜在能力）とは、価値ある生を送るために個人がなしえたり、なりえたりするものであり、選択できる「自由の幅」のことです。

　たとえば、全員に自転車という財を配ったとしても、それを有効に使える人とそうでない人がいるでしょう。あるいはほとんど移動できない人は、窓の外を見るだけで満足するかもしれません。しかし重要なのはすべての人に、それを実際に利用するかは別として、一定範囲で移動する機能を保障することだというわけです。それが移動のケイパビリティになります。そのためにある人には自転車ではなく車椅子や介助が必要だったり、場合によって近隣道路の工事など、生活環境全体の整備が必要だったりします。

　こうした議論は、障害のある子どもと共にある平等を考えるにあたって、いかなる含意をもつのでしょうか。ここではヌスバウムの『正義のフロンティア』(2012) を中心に検討しましょう。ヌスバウムは、これまでの政治哲学が契約主義的発想に依拠し、その結果、障害や依存の問題を見落としてきたと批判します。J. ロック（Locke, J.）から J. ロールズ（Rawls, J. B.）まで、契約主義の立場は、似たような能力をもち、合理的に計画を立てる個人が、協働をあてにして契約することで社会が成立すると考えてきました。それは、理性的で自立した個人という人間理解に基づいています。そこでは障害のある人や依存せざるをえない人は、協働に貢献しないとして、二次的な位置を割り当てられてきたのです。

　これに対してヌスバウムは脆弱さと多様性を人間理解の基礎に置きます。障害がある場合もそうでなくても、私たちは傷つきやすく脆弱であり、ケアや支えがなければ、能力を発揮することもままなりません。また、必要となるケアや支えは多様であり、あらかじめ限定することなどできないというのです。依

存せざるをえない脆弱さと手のつけようない多様性、しかしヌスバウムは、正義に適う社会は、そのような人間を支え、「尊厳ある生」を保障する必要があるという、強い主張を展開します。そして、尊厳ある生に不可欠な最低限の**「中心的なケイパビリティ」**をリスト化していくのです。そこには、身体の健康、自由な移動、攻撃からの安全といった基本的なものから、豊かな感情をもつこと、遊ぶこと、他者と連帯すること、さらには人生の計画を批判的に省察することまで、幅広い活動が含まれています（ヌスバウム 2012, 83-96 頁）。こうした能力や機会を、少なくとも選択可能なように保障すること、それこそヌスバウムにとってありうべき社会の正義なのです。

　ヌスバウムは、このようなケイパビリティのリストが、人間の脆弱さと多様性をふまえているがゆえに、障害のある子どもの福祉や教育を考える有益な指針になると言います。彼女はそのことを、みずからの甥のアーサーや哲学者**E. F. キテイ**（Kittay, E. F.）の娘セーシャなどを事例として論じていきます（ヌスバウム 2012, 113-121 頁、208-243 頁など）。アスペルガー症候群などを抱えるアーサーは賢いものの、社会的スキルを欠いているようにみえます。しかし、公的な補助を受けて丹念な個別教育を提供できる私立学校に通い、安心できる環境のもとで愛情に満ちたやりとりを示していきます。脳性まひと重い知的障害のあるセーシャは、発語がなく、合理的に思考したり計画したりといった能力を得る見通しもありません。しかし注意深いケアのなかで、喜びと愛情の豊かな能力を見せるのです。

　ケイパビリティアプローチは、単に個人の能力を開発するというより、尊厳をもち善く生きることに焦点を合わせ、環境を調整し適切な教育を準備することで個人の能力を促進するとともに、必要な支えを提供しようとします。これをヌスバウムは「開花」ということばで表現します。彼女のリストは、善き生の開花に向けて、教育がいかなる課題に取り組むべきか、また「共に」の教育を前提としながらも「個別に」の教育をいかに組み合わせるべきかといった点を慎重に考える指標となるのです。

　ヌスバウムの議論はたしかに、個別の能力開発を重視する特別支援教育の方

向性と重なるところがあります。しかし、そこには重要な違いもあります。第1に、ケイパビリティという発想には、「社会モデル」と同様に、能力を発揮するには環境や周囲の支えが必要であるという関係的視点があります。それは、能力の有無を個人の問題として片づけることなく、善き生の開花のために社会や周囲が努力することを義務づけるのです。第2に、ヌスバウムは人間の根本的な脆弱さを認めた上で、人間の理性的な側面だけでなく、喜びを感じることなどの感性的な側面を重視します。そこにおいて、セーシャの優れた人間性を理解することができるようになります。

このようなヌスバウムの議論は、決して首尾一貫したものとは言えないでしょう。彼女は脆弱さと多様性を人間の本性としながらも、中心的ケイパビリティを通じてあるべき普遍的な人間像を示します。しかし、普遍的なイメージは多かれ少なかれ規範として機能し、多様性という現実と容易に両立するものではありません。ヌスバウムの議論は、多様性と普遍性、現実と理念の狭間で引き裂かれ、揺れ動きながら進められるのです。けれどもその揺らぎは、彼女の掲げる普遍性を、弱く柔軟なものに押しとどめる役割を果たします。ヌスバウムはこうして、揺らぎと柔軟性のもとで、異なる者たちのケイパビリティにおける平等という矛盾をはらんだ理念に向けて、一歩ずつ向かっていくのです。

けれども、彼女の議論はあくまで「包摂する側」の視点に立ち、規範を重視するものです。これに対してセーシャの母である哲学者キテイは、障害のある人と共に生きることで、ケアという主題を前面に押し出し、ヌスバウムとは異なる仕方で、能力や平等を論じます。最後にキテイの議論を見ていきましょう。

 ## 第3節　教育からケアへ

キテイは、重度の障害がある娘セーシャと共に、ヌスバウムより遥か遠くへと進んでいきます。キテイの出発点にあるのもまた、脆弱さです。ただしキテイは、教育哲学者R.シグマン（Cigman, R.）が的確に論じているように、普遍

性をめざす合理的な思考が、脆弱さの問題を克服可能と考え、脆弱なままの人に対する蔑視に行き着くことに敏感に反応します。そして愛する人が、障害を抱えるがゆえに、きわめて傷つきやすく、そして常に傷つけられる可能性があるという痛みのもとで思考するのです（Cigman 2013）。

　重度の障害のある人は、なんらかの形で多くの人に依存し、多様な危害に対して脆弱です。彼らと共に生きることは、何気なくなされる排除や分離、ささいなことばや身ぶりに現れる偏見、さらに怪我や感染症などのリスク、そうした危険を身近に感じながら生きることでもあります。キテイはそのような状況のなかで、みずからと娘が生き残るために、ケアについて深く考察します。それによって、依存する者とケアする者を周縁化してきた社会をひっくり返そうとするのです。ここで取り上げたいのは、彼女が障害のある人の能力について、ヌスバウムよりも深い見方を提示していること、そして、「**つながりにもとづく平等**」という考え方です。まずは能力という論点から見ていきましょう。

　キテイはケアの視点から、「社会モデル」ともケイパビリティとも異なる仕方で能力をとらえているといえます。たしかに彼女にとって、中心的なケイパビリティの発想は否定すべきものではありません。けれども愛する娘のふるまいは、ケイパビリティの1つにとどまるものではないのです。キテイはセーシャについて、つぎのように語ります。

> 「なんと言ったらよいのだろうか。なんと表現したらよいのだろうか。喜び。喜びの才能だ。おかしな音楽を聞くときのくすくす笑い。エルビスが甘い声で「ラブ・ミー・テンダー」を歌うのを聞いているときの空想にふけりながらきらきらと目を輝かせる表情。（…）セーシャの喜びの表現は様々な種類・程度にわたる。スピノザは、喜びを自己保存力の増強として特徴づけたが、（…）セーシャの喜びはすばらしく自己保存的だ」（キテイ 2010, 335 頁）

　このすばらしい一節に示されているのは、セーシャの喜びの能力が、ほかと並ぶものではなく、根本的な何かだということです。実際、キテイは別の場所で喜びを、何かを「する」ことではなく、喜びや悲しみなどのなんらかの状態に「あることの能力」と結びつけています。そのような能力は、「する」能力

よりも基底的であり、多様な「する」を支えるものでありながらも、通常は注意を払われません。しかし、セーシャにおいては剥き出しで現れるのです。

　教育は基本的に、何かを「する」という活動を促し導こうとします。それは教育が、個人の自立を基準として、「する」能力へと方向づけられているからです。それに対してケアは、なんらかの状態に「ある」ことと深く結びついています。食事、排泄、睡眠などの世話を通じて、ケアされる者の状態への注意深さを研ぎ澄ますこと、それがケアなのです。そして、さまざまなケアのなかで「あることの能力」はゆっくりと育っていきます。このようにキテイは、ケアの視点に立つことで、「する」とは異なる次元に位置する能力を見定め、そこからセーシャのような人にとっての成長をとらえ直します。

　「する」能力が、する者に属する個人的なものだとすれば、「あることの能力」は伝染的であり、自己と他者が分離しつつも交差するケア的関係に内在する能力です。そしてキテイは、そのようなケアの関係を通して、平等についても再考していきます。キテイの言う「つながりにもとづく平等」とは、ケアされることの平等であり、依存する者とケアする者の非対称な関係を基盤とした平等です。とはいえ、それをどのように考えればよいのでしょうか。

　ここでまず着目すべきは、障害のある人は依存することで多様なつながりを必要とし、時にそれを作り出すということです。たとえばセーシャは無数の繊細なケアを必要とします。キテイは夫と協力するだけなく、長年の介護者としてペギーを雇っています。それでも、必要なケアは抱えきれないほどとなり、さまざまな人に頼らなければなりませんでした。キテイは「子どもを育てるには一つの村がいる」という格言を引いています（キテイ 2010, 348頁）。こうして、セーシャの周囲にケアのコミュニティができあがるのです。

　このようなコミュニティはしばしば、あるべき支えを社会から得られないまま、依存する者とケアする者がかろうじて作り出してきたものです。キテイが強調するのは、こうしたコミュニティの内には、ケアされたら今度は別の人をケアする、あるいはケアしている人を別の誰かがケアするといったつながりが見出されることです。キテイは例として、赤子をケアする人をケアする

「ドゥーラ」という実践をあげています（キテイ 2010. 156-158 頁）。それは、岡野八代が指摘するように、周縁化された人々が生き延びるために行う対抗的なケア実践だと言えます。こうした実践において、ケアは複雑な経路を通じて循環し、ジグザグ状の関係を形成します。ケアは、対等な個人の交換的やりとりを超えて、依存する者とケアする者のあいだの入れ子状の関係を「巡り巡る」のです。そして、キテイはそこに「つながりにもとづく平等」を見出します。

　それは、障害のある人もケアする人も含めて、ニーズのある人がきちんと大切にケアされていることの平等です。「つながりにもとづく平等」は、自立性ではなく、脆弱さに基づきます。そして依存関係を克服するのではなく、むしろ分散的で不均等な依存関係を維持することを優先します。そこにおいてすべての人は異なりながらも、ケアされるなかで「あることの能力」を育む点で「同じ」を共有するのです。このような平等はたしかに、イメージするのが難しいかもしれません。とはいえ、それは至るところにある小さなコミュニティで、つかのまであれ実現されてきたものではないでしょうか。そこにはおそらく、あらたな社会のイメージが萌芽としてはらまれています。異なる者と共にある平等を実現するには、そのような萌芽を育み、キテイが言うように「これまで歩んだことのない道」を進む必要があるのでしょう。

 第4節　実践に向けて──能力開発とは異なる仕方で

　コロナ禍の現在、私たちは常に、誰とどのように共にいるかを問われます。共にいるのは家族か、どこから来た人か、アクリル板を介しているか、など。こうした制約のもとで、無数の分離や排除が行われ、一見「共に」が保たれているとしても、真に共にいることは困難となります。とはいえコロナ禍以前から、私たちは決して障害のある子どもと「共に」を実現してきたわけではありません。共にいることは、脆弱さと多様性への細心の配慮や調整を必要とし、それらが少しでも欠ければあっけなく崩れていくものだからです。

　私たちは障害のある子どもの教育に関わる時、多かれ少なかれ、特別支援教

育などの制度的枠組みのもとで、個別の能力開発に従事せざるをえません。とはいえ、本章で見てきたように、そうした枠組みは、能力や平等に関する特定の考え方を前提とし、包摂の内に分離や排除を含んでいることを忘れてはならないでしょう。また、障害者権利運動や共生共育運動など、そうした制度に挑戦し、能力や平等をとらえ直そうとした試みがあったことも忘れるべきではありません。そこで練り上げられてきた見方は、個別の能力開発へ方向づけられた教育実践の軌道修正を行う出発点になりえます。

　たとえば「社会モデル」の能力観や合理的配慮の考えは、能力の相補性に注意を向け、当事者の声に耳を傾けながら環境を調節する実践を促進します。またケイパビリティアプローチは、教育目標として何を優先すればいいのか、どのような場合に個別の教育を行えばよいかなど、多様性と普遍性の狭間でバランスをとりながら考える基準となります。しかし、それらの実践は一般に、「包摂する側」の視点に立つものだということには注意が必要です。脆弱さと多様性を手放さず、既存の秩序を組み替える包摂をめざすのであれば、おそらく教育の枠を踏み超える必要が生じます。キテイが論じるケアの実践は、教育の枠を超えて、「あることの能力」を育み、異なる者と共にある平等に向けて、分散的で不均等なつながりを形成するものでした。

　キテイは、長年の介護者ペギーがセーシャと出会った最初の頃のエピソードを紹介しています。ペギーは、早期介入プログラムをセーシャに受けさせてへとへとになり、セーシャとともに公園のベンチに腰かけて途方に暮れていたと言います。セーシャをどうしたらいいか、この仕事を続けられるか、さまざまな迷いがよぎります。その時、セーシャが何をしているのかに気がつくのです。ペギーはつぎのように語ります。「彼女は一枚の葉っぱが落ちていくのを見つけて、その落下の様子を追っていたのよ。私はこう言ったわ。『私の先生になってくれてありがとう、セーシャ。いまわかった。わたしのやり方じゃなくて、あなたのやり方でやればいい。ゆっくりとね』ってね」（キテイ 2010, 346頁）。

　ペギーのやり方とセーシャのやり方は異なり、彼女たちはお互いを理解する

ともままなりません。しかしこの時ペギーの視点はセーシャの視点とわずか
に交差します。そしてペギーは異なるやり方のまま、セーシャと共に生き共に
学び始めます。このような関係はもはや教育的とは呼べないかもしれません。
しかし、障害のある子どもと共にあろうとする教育実践は、途方にくれた時、
こうしたケア的関係を含みうるのではないでしょうか。そしてそのような関係
こそが、「共に」へと向けて誰も歩んだことのない道を進むための、小さな道
しるべになるのではないでしょうか。

（渋谷　亮）

演 習 問 題

　日常生活能力が低いとされており、叫ぶこともある重度知的障害の子どもと共
に学ぶための実践、および共に学ぶ意味について、特別支援教育、社会モデル、
ケイパビリティアプローチのそれぞれの観点から考えてみましょう。

【引 用 文 献】

Cigman, R. (2013) "Education Without Condescension: Philosophy, Personhood and cognitive Disability," Florian, L. (ed.), *The SAGE Handbook of Special Education* [*2ⁿᵈ edition*], L. SAGE Publications Ltd, pp. 803-818.

川越敏司・川島聡・星加良司（2013）『障害学のリハビリテーション――障害の社会モデルその射程と限界』生活書院.

キテイ, E. F.（2010）岡野八代・牟田和恵監訳『愛の労働あるいは依存とケアの正義論』白澤社.

小国喜弘編（2019）『障害児の共生共育運動――養護学校義務化反対をめぐる教育思想』東京大学出版会.

倉石一郎（2021）『教育福祉の社会学――〈包摂と排除〉を超えるメタ理論』明石書店.

日本臨床心理学会編（1980）『戦後特殊教育　その構造と論理の批判――共生・共育の原理を求めて』社会評論社.

ヌスバウム, M. C.（2012）神島裕子訳『正義のフロンティア――障碍者・外国人・動物という境界を越えて』法政大学出版局.

9 教育から「暴力」を取り除くことは可能だろうか？

「教育における暴力」について

　「暴力はいけません」という言明に反対する人は、ほとんどいないでしょう。では、ここで否定される「暴力」とは、どのような行為をイメージしますか？

　いじめや**虐待**、**体罰**、**ハラスメント**、器物破損など、教育においてもさまざまな暴力問題が議論されてきました。しかし、その行為に対する評価は異なっており、一括りに論じることはできません。たとえば「殴る・蹴るなどのいじめはいけない」という考えと「悪いことをした生徒には軽くげんこつを加えてもよい」という考えが両立する立場もありえます。この立場に立てば、「暴力」には「完全にあってはならない暴力」と「場合によっては許容される暴力」が存在する、ということになります。まずは、あなたの考える「あってはならない暴力」と「許容される暴力」の具体例を考えてみてください。また、そのように考えた理由についても、記入してください。

【自分の考え】

【そのように考えた理由】

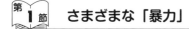

第1節　さまざまな「暴力」

1.「暴力」に対する複雑な態度

　先ほど、「完全にあってはならない暴力」と「場合によっては許容される暴力」の具体例について考えてもらいました。あなたはどのような具体的な場面をイメージしましたか。

　もちろん、いかなる場合も、どのような種類の暴力であっても「完全にあってはならない」という立場もありえます。むしろ、そのような答えが「正解」かもしれません。そもそも「暴力」という日本語には、否定的なニュアンスが含まれています。とはいえ暴力をめぐる問題は、それを全肯定／全否定できるほどシンプルではありません。

　たとえば、「死刑」というのは、人の命を奪う、国家による最大・最強の暴力行為であると言えます。「暴力はいけません」という立場を貫くのであれば、人の命を奪う行為は完全に否定されなければなりません。しかし、内閣府が2014年に行った「基本的法制度に関する世論調査」によれば、「死刑は廃止すべきである」と回答した人は9.7％、「死刑もやむを得ない」と回答した人は80.3％であり、日本においては圧倒的多数が死刑制度を容認しています（「わからない・一概に言えない」が9.9％）。「暴力はいけません」という言明には多くの人が賛成できるにもかかわらず、「死刑制度はやむを得ない」という考えをもつ人が多数存在しています。この状況をどのように考えればよいのでしょうか。

　世界中でイスラム教徒がテロリストと見なされ、人々から恐れられていた時、その理由として「イスラムの教えやイスラム法は暴力を肯定する内容である」という言説が大量に流されました。詳細についてここでは取り上げませんが、よく考えてみれば、何のことはない。私たちの刑法のなかにも「死刑」という「暴力を肯定」した内容が含まれており、それを多くの国民が、消極的であっても支持しているのです。他の法体系における暴力を否定しつつ、自分たちの法体系における「死刑」という暴力は許容しています。

　自衛隊や核兵器など、国防をめぐる状況も同様です。「抑止力」という、行

使されないことによって効果を発揮する「暴力」については、さまざまな立場から議論が続けられています。

少し話が大きくなりすぎました。もう少し身近に考えてみましょう。

私たちは警察の存在を認めています。何か犯罪に巻き込まれそうになれば、110番に通報したり、交番や警察署に駆け込んだりする。そして、警察官の物理的な力（暴力）によって、安全を守ってもらいます。暴漢や犯罪者が用いる暴力はあってはならないけれど、警察が用いる暴力は安心・安全のために必要であると考えています。すべての暴力を否定するのであれば、警察官が強制的に犯罪者を取り押さえる物理的な力も否定すべきですが、そのように考える人はほとんどいないでしょう。こうして考えると、「暴力」という概念が一筋縄ではいかないことがわかります。

2.「体罰」問題

さらに教育の場面に限定して話を進めます。

「体罰」（という暴力）について学生たちと議論をすると、さまざまな立場から意見が出てきます。「いかなる体罰も存在すべきではない」という学生もいれば、「ルールに違反したのであれば、罰（暴力）を受けるのは仕方ない」と考える学生もいます。「あの時に先生に殴ってもらえたおかげで、今の自分は正しい道に進めた」と、過去に受けた教師からの体罰を肯定的にとらえる学生も、少なくありません。

とはいえ、実は、体罰を肯定するか否定するか、という点については議論の余地がありません。体罰は法律によって明確に禁止されています。

学校教育法第11条には、以下のように書かれています。

第十一条　校長及び教員は、教育上必要があると認めるときは、監督庁の定めるところにより、学生、生徒及び児童に懲戒を加えることができる。但し、体罰を加えることはできない。

「懲戒」を加えることはできるが、「体罰」を加えることはできない。では、ここで禁止されている「体罰」とは何を意味しているのでしょうか。

文部科学省の示した参考事例によれば、身体に対する侵害を内容とするもの（殴る、蹴る等）、被罰者に肉体的苦痛を与えるような懲戒（正座・直立等特定の姿勢を長時間にわたって保持させる等）は「体罰」に当たります。

　生徒を殴ったり蹴ったりしてはいけない、ということはわかりやすいと思います。長時間の正座や直立、トイレに行かせない、給食を食べさせない、といったことも、肉体的な苦痛を伴うので「体罰」となる。これも、理解できないことはありません。生徒の身体に直接に危害を加えてはならず、また、直接に力を加えない場合であっても、肉体的な苦痛を伴う罰を与えてはならない、というのが、禁止されている「体罰」の内容です。

　ただし、同様に文部科学省が示している「認められる懲戒」（肉体的苦痛を伴わないものに限る）という項目をみると、その定義は揺らぎます。そこには「放課後に教室に居残りさせる」「授業中に教室内に立たせる」「学習課題や清掃活動を課す」などが、認められる懲戒の例としてあげられています。また、正当防衛、正当行為と判断される場合には、生徒の身体に力（有形力の行使）を加えてもよい、とも書かれています。

　肉体的苦痛を与えることは禁止されているが、授業中に起立させることや清掃活動を課すことは認められる、と言われると、「肉体的苦痛」の意味内容に関する疑問がわいてきます。長時間（というのも定義が難しいですが）立たせることは体罰に該当するが、授業中に短時間の起立をさせるのは体罰ではない。肉体的苦痛を伴わない清掃活動を課すことは体罰に該当しない。このように説明されたとしても、人によっては短時間でも教室に立たされること、簡単な清掃作業をさせられることに肉体的苦痛を感じるかもしれません。

　また、正当防衛・正当行為として、生徒の身体を押さえつけたり、腕を引っ張ったりすることも認められていますが、何が正当であるかを判断することも難しい。おそらく多くの「体罰教師」は、みずからの「暴力」について、主観的には「正当」なものだと思っているのではないでしょうか。

　さらに「体罰」と、「しつけ」や「指導」の差異について考えていくと、その線引きを明確にすることがより難しい問題であることがわかります。した

がって、文部科学省の参考事例は「飽くまで参考として」、個別の事案が体罰に該当するかどうかは、ケースバイケースで、総合的に判断する必要がある、とも述べられています。

3. 無形の「暴力」

一言で「暴力」と言っても、その意味内容や評価は多様です。多くの人が否定するような凄惨な暴力としての「完全にあってはならない暴力」と、消極的な容認であっても「場合によっては許容される暴力」が存在しており、そのあいだにはかなり幅の広いグラデーションが存在しています。加えられる力の程度や、加えられる理由によっても、暴力の意味や評価は変わるでしょう。

物理的な力を行使する有形力の行使についてですら、「あってはならない暴力／許容される暴力」を明確に定めることが難しいのですが、さらに「暴力とは何か」という問いを立ててみると、議論はいっそう複雑になります。

たとえば、過剰に管理・監督されることが「暴力的」だと感じる人がいます。不条理な校則を強制する時、規則に違反すれば有形力が行使される（体罰が与えられる）かもしれませんが、嫌々ながらでも、規則に従っているあいだは、物理的な罰が与えられることはありません。しかし、こうした規則の強制、過剰な管理、支配−被支配関係は、それ自体が「暴力的」であると言えます。学校においては、支配と統制を維持するために、教師の権力という無形の力が、生徒に対して絶えず発揮されています。

物理的な危害を加える有形力としての（殴る・蹴るなどの）いじめは、当然に否定されるべきものですが、仲間内での無視、関係性の遮断、といういじめも存在しています。SNS上での**ネットいじめ**などは、物理的・身体的な空間からは切り離されていますが、「仲間はずれ（はずし）」や「無視」といった関係性の暴力によって、多くの子どもたちの心が傷ついています。心が傷つくいじめは無形のものですが、ネットいじめは暴力ではない、とは言えません。むしろ、場合によっては直接に殴られる、蹴られる、という有形の暴力よりも深刻な結果をもたらすこともあります。無形の暴力を振るわれた結果、自分自身に

対して有形の暴力を発動し、**自殺**（自死）を選択してしまうこともあります。

　差別や**偏見**についても、他者を傷つける無形の暴力であると言えます。人種や性別を理由とした差別やレッテル貼りによって「ステレオタイプ」にあてはめ、偏見に基づいて処遇を変えることもあります。たとえ処遇を変えなかったとしても、「外国籍だから」「性的マイノリティだから」といったまなざしを向けられること、「女性（男性）だから」「子ども（おとな）だから」という理由で、できなくて（できて）当然、と思われること自体に息苦しさを感じる人がいます。いわゆる「○○らしさ」を押しつけられることに生きづらさを感じる人が存在しており、そうした人たちは社会的な差別や偏見という無形の暴力に苦しめられています。すなわち、私たちが他者に向けるまなざしや認識のあり方自体が、無形の暴力となることすらあるのです。

　さて、物理的な有形力のみならず、管理や無視や差別や偏見までもが「暴力」であると考えれば、おおよそ私たちの住む世界は「暴力」に満ちあふれています。すべての人間関係は「暴力」的であるとも言えますが、「人間関係はすべて暴力である」と言ってしまうと、その克服のために取り付く島がありません。

　たしかに私たちの世界には有形・無形の「暴力」が存在しています。以下では、ここまでに考えてきたことをふまえて、教育という関係における暴力に焦点化して、整理しながら考えていきましょう。

 ## 第2節　教育における有形の「暴力」

1.「体罰」に対する言説と評価の変遷

　教育における身体的・物理的な「暴力」として、前節の2項では「体罰」を取り上げました。体罰は親や教師などのおとなから、子ども・児童生徒に向けて発動される、肉体的苦痛を伴う暴力行為です。しかし、何が体罰に該当するのか（しないのか）を考えると、その線引きが難しいことも確認しました。

　体罰が社会問題として語られるようになったのは、学校教育の長い歴史から

見れば比較的最近のことです。「アメとムチ」ということばがあるように、古今東西の学校教育において、生徒の逸脱行為に対しては、文字通りのムチによる体罰が加えられてきました。また、そうした罰が加えられることは当然であり、問題とはされてきませんでした。

体罰が大きな社会問題となる以前にも、教師の体罰（暴力）によって生徒が怪我をする、あるいは死亡する事件は発生しています。たとえば、1957年には、ほかクラスの生徒たちが廊下から教室のガラス窓を開けてのぞき込んだことに怒った教師が、生徒のなかの1人に暴力を加えて死亡させた「芝中学校体罰死事件」が起こります。また1985年には、修学旅行先の宿舎において、校則で禁止されているヘアドライヤーを所持していたことを理由に激しい体罰を受けて生徒が死亡するという「岐陽高校体罰死事件」が起こっています。狭義の体罰とは言えませんが、1990年の神戸高塚高校では、遅刻指導を行っていた教師が午前8時半の登校完了時間と同時に、カウントダウンをしながら巨大な鉄の門扉を閉め、女子生徒が頭を挟まれて死亡する「校門圧死事件」も起こっています。

これらの事例では、非常にささいな逸脱行為に対して過剰な暴力が振るわれているように思えます。いずれの事例も客観的には（あるいは私の主観的判断としては）軽度のルール違反であり、その罰として生徒の命が奪われるほどのことではありません。というよりも、たとえどのような校則に違反したとしても、そのことによって命が奪われることなど、あってはなりません。しかしながら、当時は「行き過ぎた体罰」に対する批判は行われたものの、それは程度の問題であって、「行き過ぎない体罰」は必要悪として容認されてきました。

1994年に「**子どもの権利条約**」が批准されたことを契機として、体罰は必要悪である、という言説は少しずつ転換していきます。同時期に起こったいじめ自殺事件（大河内清輝君のいじめ自殺事件）とも相まって、子どもの権利や人権を尊重する世論が高まります。子どもにも人権が備わっており、おとなと対等な存在である。おとながおとなに暴力を振るってはいけないのと同様に、おとなが子どもに暴力を振るってはいけない。こうした考えが広まったことによ

り、教育関係における体罰は必要悪ではなく、あってはならない絶対的な悪として認識されていきます。以降、学校において日常的に行われてきた体罰や教師による暴力は批判的に反省されるようになりました。

とはいえ、体罰が教育現場からなくなったわけではありません。とくに運動部活動のなかでは、体罰問題は根深く残り続けています。2012年には大阪市立桜宮高校のバスケットボール部員が、顧問教師から恒常的に怒号と暴行を受け続け、遺書を残して自殺したことが大きな話題となりました。また、柔道や空手などの競技では、オリンピックに出場するようなレベルの選手たちが、指導者からの体罰を告発し、大きな社会問題となりました。指導者と選手という立場性・権力性の非対称もあり、指導を受ける側から体罰を告発することは容易ではありません。また、男性の指導者（教師）から女性の選手（生徒）に対する**性暴力（ハラスメント）**の事例も後を絶ちません。

しかしながら、ここ数十年のあいだに、総じて体罰は容認できないもの、あってはならない暴力として認識されつつあります。どこまでが体罰であるのか、という難問は残されたままですが、許容できない体罰については、そのつどに考えていくしかありません。

では、なぜ数十年前は体罰が容認されていたのでしょうか。以下では、この問いに対して「子どもの暴力」という観点から考えていきましょう。

2. 子どもの暴力

なぜ日本において、ある時点までは体罰が必要悪として容認されてきたのか。なぜささいな逸脱行為に対して苛烈な暴力が加えられてきたのか。その背景には、子どもの暴力という問題がありました。

戦後日本の教育問題として子どもの暴力が論じられるようになったのは、高度経済成長後の1970年代後半のことです。いわゆる**「荒れた学校」**という教育問題です。全国各地の中学校や高校では、「不良」生徒が学校内で教師に対する暴力を振るい、器物を破損していました。

また、同時期には**家庭内暴力**も顕在化します。有名進学校に通う男子高校生

の母親に対する激しい暴力を原因として、父親がその高校生を絞殺するという痛ましい事件も起きました。

校内暴力については、当時のテレビドラマ『3年B組金八先生』や『スクール・ウォーズ』などでも描かれています。これらのドラマでは、生徒が校内の廊下をバイクで走行し、金属バットでガラスをつぎつぎと割っていく様子が、くり返し描かれました。こうしたドラマがヒットしたことにより、校内暴力や家庭内暴力という子どもの暴力は、社会問題として注目されていきました。

また、子どもの暴力が問題となった同時期には、**登校拒否・不登校**という問題も浮上してきます。高度経済成長後の日本では、競争主義的な社会システムのもつ問題が噴出し始めます。苛烈な受験競争や管理主義的な学校教育。わが子を競争社会で勝ち残らせるための熱烈な教育家族。こうしたストレスフルな状況が、家庭や学校における子どもの暴力や、登校拒否・不登校という子どもたちの学校からの逃避をもたらした要因であると見なされました。

子どもたちが暴力を振るう状況において、学校内の秩序を維持し、学校を効率的に運営するためには、さらに強力な教師からの暴力と徹底した管理で対抗するしかない。こうして、管理や競争による圧力によって生じた子どもの暴力に対して、学校ではより過剰な管理と体罰が常態化していきます。学校は、子どもの暴力とおとなの暴力の緊張関係が支配する異様な空間となりました。ささいな逸脱行為に過剰な暴力が振るわれ、必要悪としての体罰が容認されたことの背景には、子どもの暴力に対するおとな側の恐怖心がありました。

1990年代の後半には、家庭内暴力や校内暴力という問題は、いったん社会の後景に退きます。学校は暴力が支配し拮抗する空間ではなくなっていきますが、子どもたちが抱えるストレスが軽減されたわけではありません。子どもの暴力は、それまでの家庭内暴力や校内暴力とは異なる形で現れてきます。

その深刻な現れのひとつは、子どもの自殺です。子どもに限らず日本全体で見ても、1990年代末、バブル経済崩壊後の不況により、それまで2万人程度で推移していた自殺者数は一気に3万人を超えるまでに跳ね上がります。15〜34歳の若年層の死因第1位は自殺であり、こうした状況は先進国では日本

だけです。

　将来に大きな不安を抱きつつも、学校の教師や親はもはや抵抗すべき権威ではありません。「不良」になることもできず、「いい子」を演じ続けなければならないストレスを抱え、行き場を失った子どもの暴力は、自分自身へと向かいます。自殺に至らなかったとしても、自己肯定感は低く、無力感にさいなまれ、摂食障害などによって自分自身を痛めつけることになります。もしくは、「誰でもよかった」「人を殺してみたかった」ということばとともに、突発的に凶悪な暴力が顕在化します。「心の闇」「キレる子どもたち」という言説とともに、子どもの暴力はこれまでとは異質なものとして語られていきます。

　1997年には、神戸市で中学生がつぎつぎと小学生を殺害するという「神戸連続児童殺傷事件」が起こります。1998年には、中学生が授業中に注意を受けたことを理由に女性教師をバタフライナイフで刺殺した「栃木女性教師刺殺事件」、2004年には小学6年生の女子児童がネット上でのトラブルから同級生をカッターナイフで殺害した「佐世保小6女児同級生殺害事件」などがつぎつぎと起こります。これらは、それまで「いい子」「おとなしい子」であった少年少女が突然に凶悪な暴力を振るった事件として、社会に大きな衝撃を与えました。

　こうして、子どもの心はブラックボックスとなりました。グレーゾーンが大きく定義があいまいなままに「体罰」は禁止され、生徒の指導や管理はより困難となりました。そこで、子どもの問題行動を基準化し、個別の事情などは斟酌せずにルールを厳格に適応することで生徒指導をマニュアル化する「**ゼロ・トレランス（非寛容）方式**」というアメリカ由来の管理教育の導入が検討され、一部の学校では導入されています。

　子どもの暴力が家庭や学校で顕在化していた1970年代には、教師の暴力も許容されていました。1990年代には子どもの暴力が潜在化し、教師には予測できない形で突然に現れるようになりました。それは、他者に向けられた暴力としてだけでなく、自身を痛めつけるような形で、また、より凶悪な形で現れることになりました。教育における身体的・物理的な「暴力」は、そのバリエーションを変えながらも、存続し続けています。

第3節　教育関係における／という無形の「暴力」

1.「規律訓練権力」

運動部活動の体罰や「キレる」子どもの暴力という問題は残りつつも、以前に比べれば学校における暴力は減少傾向にあります。しかし、教育における暴力がなくなったわけではありません。さらに原理的には、学校空間や教育関係自体が「暴力」的であると考えることもできます。ここでは、教育関係自体がもつ「暴力」について考えてみたいと思います。

20世紀を代表するフランスの思想家、**M. フーコー**（Foucault, M.）は、『監獄の誕生――監視と処罰』という著作において、近代的な権力のあり方について考察しています。この著作は、タイトルにある通り、監獄における監視と処罰について、その歴史的変遷について研究されたものです。

学校が「まるで監獄のようだ」と感じたことはあるでしょうか。フーコーは、監禁、矯正、訓練の施設としての監獄が誕生してくるプロセスを追いながら、その支配-被支配の形式が学校にも認められることを分析しました。

人権意識が高まるにつれて、ヨーロッパにおける刑罰は、身体に対するものから精神的なものへ（有形の暴力から無形の暴力へ）と変化していきます。しかし、これは野蛮で残虐な身体刑から人道的な精神刑へと「進歩」したのではなく、権力が変質し、新しい権力作用が出現したことを意味しています。

第1節の3項で述べた通り、「体罰を受けるのが怖いから逸脱行為を行わない」というのは、間接的な暴力に支配された状況です。フーコーの議論では、ここからさらに、もうひとひねりが加わります。

フーコーは、J. ベンサムが発案した「パノプティコン」（光の偏在）という監獄について考察を行っています。この監獄は円形になっており、円の中心部には監視塔、それを囲むように独房が配置されています。そして、独房には明るく光が差し込んでいるため、囚人からは監視員が見えません。監視員から囚人への「まなざし」の一方向性がパノプティコンの特徴です。

パノプティコンにおける囚人は、建物の構造上、「いつ監視されているかわ

からない」状況に置かれます。この「光」と「まなざし」の配置に関する考察が、フーコーの卓抜した点です。

街中には「監視カメラ作動中」という看板をよく見かけます。これもパノプティコン原理の応用と言えるでしょう。実際には、どこに監視カメラがあるのか、それが本当に作動しているのか、私たちにはわかりません。もしかすると、監視カメラなど存在しないのかもしれません。にもかかわらず、「いつ監視されているかわからない」状況では、逸脱行為は起こりにくい。誰に指示されることもなく、抑制的になります。

さらに、パノプティコン原理によれば、逸脱行為を行わないのは「バレたら罰せられるから」ということにとどまりません。支配者側の「まなざし」を被支配者が内面化し、みずからが「主体的に従属」していくようになる。こうしたメカニズムを有する統治の技法を、フーコーは「規律訓練権力（pouvoir disciplinaire）」と呼びました。

教室前方の少し高い位置から教師が講義をして、生徒は同じ方向を向いて（教師と対面して）授業を聞く、という私たちになじみのある一斉教授型の近代学校教育では、その授業内容にかかわらず、「まなざし」の構造はパノプティコンに近似しています。学校において生徒は、「バレたら罰せられる（だからバレないようにやろう）」ということにとどまらず、直接には教師の監視がなくても、教師の「まなざし」を内面化して主体的に従属するようになる。こうした関係にはもはや「暴力」を見出すことは容易ではありませんが、私たちの内部・身体の奥深くまで、権力構造が染み渡った状況であると言えるでしょう。

2. 構造的・社会的暴力

身体的・物理的な有形の暴力は、私たちの生存や健康を脅かします。そしてまた、関係性の遮断、いじめや差別、「規律訓練権力」といった無形の暴力は、私たちの「自由」と「自分らしさ」を脅かします。

友人関係のなかで存在を抹消される「無視」や、周囲から一斉に憎悪の感情を向けられるSNS上での「いじめ」が悪質なのは、物理的で具体的な損害が

生じるからではありません。絶えず誰かの「まなざし」を意識せざるをえない状況に置かれると、「自分らしさ」が否定され、「自由」にふるまうことができなくなります。「自由」と「自分らしさ」は、人間が生きるための大切な価値です。

　こうした視点をもって見れば、よりマクロなレベルでの暴力についても指摘することが可能です。たとえば、グローバル資本主義における先進国と発展途上国、超富裕層と超貧困層との関係は、前者が後者を搾取することによって「自由」と「自分らしさ」を脅かしています。お金がなければ「自由」に生きていくことができない世の中では、雇用する（お金を持っている）側と雇用される（お金を持っていない）側には、最初から構造的な不平等が存在しており、その構造自体が暴力であると言えます。圧倒的な格差や権力差を前提とした関係は、たとえ上位のものが意図しなくても、下位のものへの無形の暴力となりえます。非対称な関係や社会構造自体が暴力的に機能することがあるのです。

　学級内人間関係のヒエラルキーとしての「**スクールカースト**」や議論における「マウント」の取り合いなどは、流動的な子ども同士の関係性のなかで、構造上の上位のポジションをめぐるゲームであると言えるでしょう。子どもたちにとって「自由」に「自分らしく」ふるまうことは、死活的に重要です。

　差別や偏見という無形の暴力が深刻な問題であるのもまた、被差別者の「自由」と「自分らしさ」を毀損するからにほかなりません。マジョリティとマイノリティという非対称な関係を無自覚に前提し、マジョリティの価値観や規範を押しつけることは、それ自体がマイノリティの「自由」なふるまいを抑圧し、「自分らしく」生きることを阻害します。

　たとえば、異性との恋愛を前提とした話題で盛り上がることは、悪気がなかったとしても（悪気がないからこそ）、性的マイノリティが「自由」に「自分らしく」いることを抑圧します。「自分らしくあること」と会話における「空気を読むこと」は背反する可能性がありますが、この場合には、その場を支配する「空気」自体が暴力であるということもできるでしょう。

　日常的な人間関係が、誰かにとって、あなた自身にとって、「自由」と「自分らしさ」を抑圧し阻害する無形の暴力的関係となっていないでしょうか。関

係性に含まれる「暴力」に意識的になることは、とても重要なことです。

 ## 第4節　実践に向けて──教育における「暴力」と向き合う

　ここまで、体罰や子どもの暴力といった身体的で具体的な有形の暴力、「規律訓練権力」や関係の非対称性による無形の暴力について考えてきました。

　さて、本章のタイトルに掲げた問いは、教育から「暴力」を取り除くことは可能だろうか？というものでした。ここまでの内容をふまえた上で、あらためて、この問いについて考えてみましょう。

　最近の高校生や大学生と話をしていると、他者に対する「価値の押しつけ」に非常に敏感であると感じます。それは、前節で取り上げたような無形の暴力に対する感度が高い、とも言えるでしょう。「暴力はいけないこと」（有形の暴力の否定）という価値が、「価値の押しつけはいけないこと」（無形の暴力の否定）という価値へと移行したのかもしれません。

　しかしながら、教育関係は、ある種の「価値の押しつけ」にほかなりません。教師は、意図をもって生徒に働きかけ、知識や技術や価値を伝達しようとします。しかも、教師－生徒関係は、圧倒的に非対称な権力関係として成り立っています。有形の暴力による支配ではないとしても、教育関係において子ども（生徒）はおとな（教師）が設定した価値を身につけなければなりません。教育関係において子どもたちは、発達段階に応じた「子どもらしさ」をあてはめられ、子どもが「自分らしく」（ありのままで）あることは認められません。おとなが導く方向への「成熟」や「変容」が求められます。つまり、教育という関係は、その本質としてある種の「暴力」性を内包しています。

　では、教育から「暴力」を取り除くにはどうすればよいのでしょうか。

　「暴力」から解放されるためには、価値を押しつけない対等な関係である必要がありますが、そのような関係はもはや教育とは呼べません。ここで重要なことは、教育における「暴力」を意識化し、自覚的に引き受けることです。

　子どもの暴力に関する項（第2節2項）で述べた通り、抑圧された暴力は、決

して消滅することなく、突然に、より凶悪な形で噴出してきます。「暴力はあってはならないもの」として排除しようとしても、必ず別の形で現れてきます。

　私たちは生身の身体のうちに暴力性を秘めており、人間関係においては差別や偏見をもっており、教育関係においては非対称的な権力関係のなかにいます。まずは、そのことを自覚しなければなりません。なぜなら、暴力は自覚的である時よりも無自覚である時の方が、より凄惨な形で出現するからです。

　教育関係自体から「暴力」性を完全に取り除くことはできませんが、「暴力」を意識し、自覚的に引き受けることによって、少しずつでも、安心・安全な学校空間や教育関係を広げていくことができるはずです。

（森岡　次郎）

演 習 問 題

(1)「自由」と「自分らしさ」を阻害する「暴力」関係にはどのような具体例が考えられますか。学校や家庭などの教育関係に着目し、あなたの経験に即して考えてみてください。

(2) あなたが教師（教育者）として子どもたちと教育関係を結ぶ時に、どのような「暴力」を意識し、それを回避するためにどのように対処しますか。

【参 考 文 献】

ベンヤミン，W.（1994）野村修編訳『暴力批判論 他十篇――ベンヤミンの仕事1』岩波書店.

フーコー，M.（1977）田村俶訳『監獄の誕生――監視と処罰』新潮社.

ガルトゥング，J.（1991）高柳先男・塩屋保・酒井由美子訳『構造的暴力と平和』中央大学出版部.

加野芳正（2014）「近代の学校教育制度と暴力――「体罰」と「いじめ」を中心に」，日本スポーツ社会学会編『スポーツ社会学研究』第22巻1号，7-20頁.

酒井隆史（2004）『暴力の哲学』河出書房.

谷徹・ジェイ，M.・今村仁司ほか（2008）『暴力と人間存在』筑摩書房.

第Ⅲ部　ワークショップ

1．調べて、考えてみよう

①日本語指導が必要な外国籍および日本国籍の児童生徒の母国語を調べ、そこから
どういったことが言えるかを考えてみましょう。

　　日本語指導が必要な外国籍の児童生徒の母国語

　　　1位＿＿＿＿＿　2位＿＿＿＿＿　3位＿＿＿＿＿（　　　年）

　　日本語指導が必要な日本国籍の児童生徒の使用頻度が比較的高い言語

　　　1位＿＿＿＿＿　2位＿＿＿＿＿　3位＿＿＿＿＿（　　　年）

②義務教育段階での特別支援学校や特別支援学級に在籍する児童生徒数および通級
による指導を受けている児童生徒が全児童生徒数に占める割合とその推移の傾
向を調べ、そこからどういったことが言えるかを考えてみましょう。

　　特別支援学校　　□□□□□％（　　　年）　推移の傾向＿＿＿＿＿

　　特別支援学級　　□□□□□％（　　　年）　推移の傾向＿＿＿＿＿

　　通級による指導　□□□□□％（　　　年）　推移の傾向＿＿＿＿＿

③小・中・高等学校における児童生徒による暴力行為の発生件数とその推移の傾向
を調べ、そこからどういったことが言えるかを考えてみましょう。

　　小学校　　□□□□□人（　　　年）　推移の傾向＿＿＿＿＿

　　中学校　　□□□□□人（　　　年）　推移の傾向＿＿＿＿＿

　　高等学校　□□□□□人（　　　年）　推移の傾向＿＿＿＿＿

2．議論して、発表してみよう

　第7章から第9章では、ジェンダーやLGBT、外国にルーツをもつ子ども、障害
のある子ども、体罰や子どもの暴力など教育の"今"を理解するための1つの視点
が示されました。それは、包摂のなかで不可避的に排除が生じる＝教育にはある種の
暴力性がその本質として存在するというものです。さらにこの事実とどう向き合えば
よいのかについても各章でそれぞれの著者の立場から示されています。これらをふま
え、現在のインクルーシブ教育のどこに問題があり、それに対して何をどうすればよ
いのか具体的に考えてみましょう。

3. 教育学的思考を育むための文献紹介

①木村涼子（1999）『学校文化とジェンダー』勁草書房：教室でくり広げられる教師や子どもの相互行為を通して、「女らしさ」というジェンダーがいかに形成されていくのかを知ることができます。

②倉石一郎（2018）『増補新版　包摂と排除の教育学——マイノリティ研究から教育福祉社会史へ——』生活書院：マイノリティを研究すること自体に「差別」が内在していないか。著者の鋭い感覚に裏打ちされた教育における包摂と排除の関係性を問い直す1冊です。

③坪田光平（2018）『外国人非集住地域のエスニック・コミュニティと多文化教育実践——フィリピン系ニューカマー親子のエスノグラフィー』東北大学出版会：外国人が比較的少ない地域に住むニューカマーの子どもたちが学校や家庭・地域で直面する困難をフィールドワークに基づいて描き出しています。

④森田ゆり（2011）『子どもと暴力——子どもたちと語るために』岩波書店：暴力をふるう子ども、暴力を受ける子ども。子どもと暴力をめぐる問題が具体例を交えながら包括的に論じられており、最初の1冊としておすすめです。

⑤アリス・ミラー（2013）山下公子訳『魂の殺人——親は子どもに何をしたか』新曜社：子どもは「しつけ」の名のもとで親への服従を強制されている。「闇教育」という概念とともに教育の欺瞞性と暴力性を暴いた世界的ベストセラーです。

⑥モートン・シャッツマン（1994）岸田秀訳『魂の殺害者——教育における愛という名の迫害』草思社：教育熱心な親の言動が子どもの心に与える影響とは？　精神分裂病患者の幼年時代や回想録を通して教育愛の知られざる一面が明らかにされます。

⑦内田良（2019）『学校ハラスメント　暴力・セクハラ・部活動——なぜ教育は「行き過ぎる」か』朝日新聞社：ハラスメントという観点をとることで、単純な加害者と被害者の二元論に陥ることなく学校における教育の暴力が分析されています。

⑧桜井智恵子（2021）『教育は社会をどう変えたのか』明石書店：現代の生きづらさは近代公教育によって生み出されていた。個人の自由を個人化された自由に矮小化してきた教育の歴史が明らかになります。

10 知識が伝わるとはどういうことか？

「知識」について

　みなさんは知識がプレゼントのように、ある人から別の人へと受け渡されていくものだと考えてはいませんか。私たちが普段使う「知識を授ける」「知識を得る」といったことばはそうした考えと強く結びついています。それではこの考えにどれほどのリアリティがあるのでしょうか。本章では、知識とはどういうものか、そして知識が伝わるとはどういうことかを考えるなかで、知識は受け渡していくことができるものであるという見方をみなさんと一緒に相対化していきたいと思います。その手始めに、囲碁の基本的なルールだけを教えられ、あとは自分で試行錯誤するようプログラムされたAI・ゼロ君と、基本的なルールだけでなく膨大な数の棋譜データを与え、そこから最善の一手を導き出すようプログラムされたAI・アルファ君が、数日後に囲碁100番勝負をした場合、どちらが勝利するかを考えてみてください。そしてそのように考えた理由をそれぞれのAI君に伝えた知識という観点から考えてみてください。

【自分の考え】

　　①AI・ゼロ君が圧勝する　　　②AI・ゼロ君が辛勝する

　　③AI・アルファ君が圧勝する　④AI・アルファ君が辛勝する

【そのように考えた理由】

表象モデルとしての知識移転とその限界

　知識が伝わるとはどういうことかを説明する際、もっともよく耳にするのが**知識移転**という考え方に基づいた説明です。それは、たとえば教師や教科書にある知識を子どもがもつようになるといったように、知識がある場所から別の場所へと受け継がれていくと考えることです。この考え方は私たちにとってなじみ深く、教育に限らずさまざまな分野で知識伝達の過程を説明する際に用いられます。そこで本節では、近年では教育学以上にさかんに知識移転について研究している経営学での諸研究を参照しながらその定義を確認するとともに、それが知識伝達の過程を説明する考え方としては十分でないことを知識の概念を整理することで指摘してみたいと思います。

1. 知識移転の定義とその活用

　経営学において知識移転は、たとえば「送り手から受け手へあるチャンネルを経由して知識が移転され、受け手の成果に影響を及ぼすとともに、移転された知識が受け手のルーチンに統合されるプロセス」(中西 2013, 28-29 頁) と定義されるように、大きく2つの局面から成り立つものとされています。それは送り手から受け手へ知識が移動する局面と、移動した知識が受け手に作用する局面です。移動した知識が受け手に作用する局面とは、具体的には受け手があらたに獲得した知識を使用したり自分の文脈に落とし込んだりすること (文脈化) を指します。

　私たちは知識移転ということばから知識の移動だけをイメージしがちですが、それだけでなく知識の使用や文脈化までも知識移転の過程に含めるという視点は、知識が伝わるとはどういうことかを考える上で重要な視点であるように思えます。知識が伝わるとは知識を受け取った人物や組織がそれを自分のものにすることである。経営学による知識移転の定義から導かれる知識が伝わるとはどういうことかに対する答えをこのようにまとめることができるでしょう。

　ところで、知識の移動だけでなくその使用と文脈化を知識移転研究の射程に

おさめてきた経営学は、経営・生産システムの移転という問題にその成果を応用するだけでなく、あらたな知識・価値の創造という問題にも取り組んできました。**ナレッジマネジメントやイノベーション**ということばを聞いたことはありませんか。企業は、知識を組織や個人間で共有し活用することによりあらたな知識を創造し（＝ナレッジマネジメント）、そこから生まれてくるあらたな価値を通して組織や個人に変化を求める（＝イノベーション）ことでみずからの生産性や競争力あるいは企業価値を高めていきます。こうした企業のニーズに知識移転を包括的に研究する経営学の知識移転研究は見事にマッチし、あらたな知識・価値を創造するツールやモデルが今ではつぎつぎと開発されています。

　他方で学校教育はと言えば、今まさにナレッジマネジメントやイノベーションといったものがあらゆる場面で求められやすい状況にあると言えるでしょう。たとえば新しい学習指導要領では生きて働く知識・技能の習得がめざされ、授業などを通して知識を習得する（＝知識の移動）だけでなく、それを自分のものとして使っていくこと（＝知識の使用・再文脈化）で、急速に変化する社会のなかでも持続可能な社会の創り手になることが子どもには求められています。また、教員の急速な世代交代や学校が抱える課題の複雑化・困難化により、教育に関わる経験や知見の継承とともに風土や組織の変化が学校には求められています。アクティブラーニングの導入や「令和の日本型学校教育」の構築といったものが強く叫ばれている今の状況をふまえると、経営学における知識移転研究の成果、とりわけナレッジマネジメントやイノベーションに関するツールやモデルが学校教育のなかに取り入れられる日もそう遠くない気がしますし、本書が読まれている時にはすでにそうなっているかもしれません。

2. 表象モデルとしての知識移転

　それではどこまで経営学の知識移転研究は参考となるのでしょうか。ここではナレッジマネジメント研究の第一人者である野中郁次郎による知識の分類を考察することで、このことについて考えてみたいと思います。

　野中は知識を「**形式知**」と「**暗黙知**」の２つに分け、「暗黙知→形式知→暗

黙知→……」という連続的な変換過程により組織的な知識創造が行われると述べました（野中・竹内 2020）。形式知とはそれが存在する文脈と切り離しても理解することが可能で、文書化が容易な知識を指します。たとえば業務マニュアルがこれに相当し、知識移転が容易なものとして位置づけられます。暗黙知はその逆であり、それが存在する文脈がなくては理解できず、ことばなどで表現することが難しい知識を指します。たとえば個人の経験や勘に基づくコツがこれに相当し、知識移転が難しいものとして位置づけられます。野中の主張のポイントは、言語化できない暗黙知を言語化し組織内で形式知として共有すればあらたな知識が生まれるという単純なことではなく、暗黙知と形式知を媒介にして知識が個人と組織とのあいだで循環的に移転することによりあらたな知識が生まれるという自己増殖運動として組織的な知識創造を描き出したことにあります。ここでは見事に知識移転とあらたな知識の創造が結びついています。

　ところで、暗黙知という概念をはじめて提唱した **M. ポランニー**（Polanyi, M.）は野中と同様に知識を暗黙知と形式知に分けますが、野中のようにそれらが相互に変換可能なものであるとは考えていません。彼は言語化できる知識体系の背後にはそれを支える膨大な詳記不能の知識体系（＝暗黙知）が存在しており、この詳記不能な暗黙知によって私たちの認識活動が支えられていると考えます。したがって、野中の知識創造論はポランニーの理論をある種単純化し、詳記不能であるはずの暗黙知を形式知に変換可能なものとして読み換えることで成立していると言えるでしょう。

　しかし、この読み換えは両者のあいだに決定的な違いをもたらすことになります。ポランニーは暗黙知が詳記不能であるがゆえに、それを言語化することができてもせいぜい心持ちを大雑把に記述したような「モットー」にしかならないというのです。したがって、彼は暗黙知の重要性を指摘しても、野中が示すようなそれを記述したり分析したりするための方法を示しはしません。というのも、ポランニーからすれば、「我々が暗黙のうちに執行している様々な社会的実践を、インフォーマントに対して言明化するように迫っても、そこには自ずから限界があり、無理をすれば、金言的な、当たり障りのない形式的言説

によってごまかされる可能性が高い」（福島 2010, 19 頁）からです。

　それでは野中が示した暗黙知と形式知を媒介にした知識移転による知識創造モデルは何を示しているのでしょうか。福島真人によるならば、それは「表象モデル」（福島 2010, 60 頁）ということになるでしょう。すなわち、それは「自分の行動を説明する時に、ある種の建前として使用するような、形式化された言語のパターン」であり、「現実の行動というよりは、自己のあり方を形式的に記述する、文化的に規定されたモデル」にすぎないのです。したがって、野中が示す知識移転による知識創造の過程は、間違いではないがきわめて大雑把な概略のようなものであり、その全体像を大まかに把握する上では役に立つが実際の過程を知る上ではあまり役に立たないということになります。

　以上より、野中に代表される知識移転研究の限界が見えてきました。しかし注意すべきは、このことが野中や経営学の議論にだけあてはまるものではないということです。ポランニーが指摘するように、知識が膨大な言語化できない知識に支えられているならば、知識移転と呼ばれる過程そのものに言語化できない部分が必ず含まれることになり、したがって知識移転という考え方をとるかぎり表象モデルになる運命からは逃れられないということになります。そうであるならば、経営学にかぎらずたとえば教育学において知識の移動だけでなく、その使用や文脈化までも含めた包括的な知識移転研究が行われたとしても、知識移転という考え方に立脚するかぎり、それは同じ限界をもつことになり、知識伝達の過程を説明するモデルとしては十分でないということになります。

　本節では以下の 2 点が明らかとなりました。それは、①知識移転研究は知識がどのように伝わるのかについてわかりやすいモデルを提示してはくれるが、日々の知識を伝えるという具体的実践を構想する上ではあまり役に立たないのではないか、そして、②このことは経営学にかぎらず知識移転という考え方に立脚するかぎり、どの研究分野においても言えるのではないかということです。

第2節　知識移転という神話の形成——古代ギリシャと近代科学

　前節では知識移転という考え方が私たちにとってなじみ深いものでありながら、知識が伝わるとはどういうことかを考える上では十分なものではないことが示唆されました。そこで本節では知識というものがどのように考えられてきたのかを歴史的にふり返ることで、知識移転という考え方が私たちにとってなじみ深いものとなった事情を探るとともに、知識が伝わるとはどういうことかを考えるために知識移転とは別の視点を探ってみたいと思います。

1. 古代ギリシャの存在論的知識観
（1）知識は道具か能力か：ソフィストとソクラテスの対立
　古代ギリシャには、道具として知識をとらえる立場と能力として知識をとらえる立場の2つがありました。

　前者の立場は**ソフィスト**と呼ばれる職業教師に代表されます。当時のアテナイでは知識と弁論の巧みさがあれば家柄に関係なく地位や名誉を手にすることができました。ソフィストたちはその時流に乗って、報酬と引き換えに徳に関する知識や弁論術などを若者たちに教えていたのです。彼らにとって知識や弁論術は地位や名誉を手に入れるための道具でしかなく、その善し悪しが問われることのないまま役に立つという理由だけで教えられていました。

　こうしたソフィストたちの相対主義を批判したのが**ソクラテス**でした。彼は役に立つならば何を学んでもよいとは考えず、学ぶべき知識は善に関する知識のみであると考えました。さらに、善が何かを知ることは善く生きることでもあると述べ、実用目的でもなく娯楽でもなくただ純粋にことがらをそれ自体として眺め真相を究明しようとする「**テオーリア（観照）**」を究極とした愛知（＝知を愛すること）という知的探究の態度を表明し、西洋哲学（philosophia=philos【愛】+sophia【知】）の幕開けを告げたのでした。

　ソクラテスが表明した愛知という知的態度の前提にあるのがソフィストとは異なるもう1つの知識をとらえる立場です。ソクラテスが「善とは何か、善を

知るとはどういうことか」という問いを「人間とは何か、人間が生きるとはどういうことか」という問いと重ね合わせることができたのは、知識を人間がもつ能力としてとらえ、知ることとは単なる知識を得る営みではなく同時に人間の自己形成という営みでもあると考えたからにほかなりません。知識の対象と知識の主体とのあいだに存在の同一性を見出す彼の知識観は、人間の存在と人間の知の相即という古代ギリシャ哲学の基本的立場としてその後に受け継がれていきます。

　ソフィストは知識を単なる道具として見なし、報酬と引き換えに知識を若者たちに伝えていました。ここにソフィストから若者へ知識が移動していくという知識移転の考え方を見つけることができるでしょう。ソクラテスはそんなソフィストたちを「魂の食料となる知識を商品として売る者だ」と厳しく批判しました。であるならば、知識を能力と見なすソクラテスの立場に知識移転とは異なる考え方を見出すことができるかもしれません。そこでつぎにソクラテスの立場を受け継ぎ、人間形成の営みとして知ることとは何かを追求した２人の哲学者について見ていくことにしましょう。

（2）知ることをめぐる２つのモデル

①プラトン：知ること＝イデアの記憶の想起

　ソクラテスの弟子である**プラトン**にとって、知識の問題は魂の存在の問題であり、知識を得るということは愛知者の魂を形成するということでもありました。したがって、彼にとってまず問題となったのは、欲望の方向に向かう人間の魂をいかに愛知の方向へと向け変えることができるのかということでした。

　そこで彼が直面したのは「**探究のパラドクス**」という難問でした（『メノン』）。それは、「知っているものについては探究する必要がなく、知らないものについてはそれが何であるのか知らないために探究それ自体ができない」という探究の不可能性を指摘したものです。プラトンがこのパラドクスを斥けるために唱えたのが、「知ることは想起である」という「**想起説**」でした。

　想起説においては、ある真理を探究することが、なんらかの信念内容を心に注入することではなく、すでに主体のうちに生得的に保持されていた信念内容

を、論理的な根拠づけの過程を通して想起することとして解釈されます。この時、探究は先在している真理を根拠づけることにより知識として定着させていくプロセスとなり、不可能なものではなくなります。そしてプラトンは、知識内容が人間の生まれる以前から生得的に与えられているがゆえに、その真理性は先在的で経験に依存しないアプリオリなものであると位置づけていきます。その後『パイドン』において、**イデア**が先在する真理であり、想起とは不死の魂がイデアの記憶を想い起こすこととして考えられるようになりました。

　プラトンにおいて学ぶべき知識はイデアの世界についての知識であり、知ることとはイデアの記憶を想起することとなるのです。

②アリストテレス：知ること＝経験の帰納

　知ることを欲するよう魂の向け変えが必要であると考えたプラトンは、「探究のパラドクス」に突き当たり、そこから「想起説」へと至りました。そのプラトンが創設した学園アカデメイアで学んだ**アリストテレス**は「すべての人間は、生まれつき、知ることを欲する」（『形而上学』）と考え、プラトンとは逆に、すでに人間には愛知の態度が備わっているという前提に立ちました。これにより彼は魂の向け変えといった問題に立ち入る必要がなくなり、「探究のパラドクス」を回避していきます。他方で彼は「すべての教授、すべての学習は、どれもみなあらかじめ存在する知識から生まれてくる」（『分析論後書』）と考え、プラトンと同様に、学ぶべき知識は先在するものであるとも考えました。

　ここで1つの疑問が生じます。知識が先在しているにもかかわらず、なぜすべての人間は生まれつき知ることを欲するのでしょうか。ここで再びパラドクスに陥るように思われます。ところが、アリストテレスはその先在する知識をイデアではなく「経験」によって説明することでそれさえも回避することに成功します。どういうことでしょうか。以下では具体的に見ていきましょう。

　たとえば、私たちは数学的定義を学ぶ前から「このボールは丸い」「この皿は丸い」と言えるように円について多少なりとも経験的に知っています。そこに不正確さはあっても、円に関する正しい知識が少しは含まれているはずです。このようにアリストテレスは経験的知識（＝「実践的知識」）のなかに一般

的・普遍的知識（＝「理論的知識」）が含まれると考えました。そして、知性による観照において理論的知識と知識の対象は同一となり、その知識を獲得することで知識の対象と同様に人間は不死にあずかることができるとし、知性による観照が人間にとっての最高の活動にして最高の幸福になると主張しました。したがって、すべての人は幸福を求めるはずであるから、観照を通して一般的・普遍的知識を知ることをすべての人が欲することになるというわけです。

　アリストテレスにおいて学ぶべき知識は経験のなかに存在する一般的・普遍的知識であり、知ることとは経験から理論的知識を取り出すこととなります。アリストテレスは別のところで個別から普遍の過程を「帰納（エパゴーゲ）」と名づけていますが、それをふまえるならば、知ることとは経験を帰納することであるということもできるでしょう。

　以上、知識移転の考え方をソフィストに見つけ、彼らを批判するソクラテスの立場に知識が伝わるとはどういうことかを考えるためのあらたな考え方を見出せるのではないかとして、それを継承するプラトンとアリストテレスという2人の哲学者について見てきました。そこから明らかになったのは、彼らがともに学ぶべき知識を先在するものと見なし、知識が伝わることをそれぞれの仕方で存在論的に根拠づけたということです。そしてプラトンからは想起という視点を、アリストテレスからは経験の帰納という視点を、知識が伝わるとはどういうことかを考えるためのあらたな視点として取り出すことができました。それでは、これらの存在論的に根拠づけられた視点が現在の私たちにどこまで利用可能であるのかを、次項では見ていくことにしましょう。

2. 近代の認識論的知識観
(1) 世界の表象としての知識

　人間形成の営みとして知ることとは何かを追求したプラトンとアリストテレスの思想は、近代以降もヨーロッパにおける教育思想のモデルとして働き続けました。たとえば、学校カリキュラムには、社会で直接役立つわけではないが、真理を表象しているような科学的知識の教授・学習が人間形成の基礎にな

るという理念があります。そこに、人間と独立して存在するイデアのような普遍的知識の獲得が人間形成に寄与するというプラトン的モデルを見出すことができます。また、日常経験を出発点とするアリストテレスの教授・学習観は自己活動による自己形成という新人文主義的な人間形成概念（Bildung；「陶冶」とも訳される）のモデルともなっています（今井 2017, 536 頁）。

しかしながら、近代科学において知識は世界の本質なるものではなく、鏡のように世界を写し出す「現象の知識」であることを求められ、近代科学に根ざす近代の知識観は古代ギリシャの知識観と決定的に異なることになります。すなわち、古代ギリシャ哲学において人間の存在と固く結びついていた知識は、近代においてその結びつきから解放され、外部世界に客観的に存在するものとしてとらえ直されることになるのです。その結果、プラトンやアリストテレスの思想とは似て非なるものが近代の知識観を形成することになりました。そこでつぎにプラトンやアリストテレスとの違いを明確にしつつ、近代の知識観について見ていくことにしましょう。

(2) 近代における知識が伝わる前提条件

近代科学は実験と数量化という 2 つの方法的特徴をもっており、近代の知識観もまたそれらに特徴づけられることになります。

実験とは、現象を経験的諸要素へ還元することであり、アリストテレスと同様に経験から知識を取り出す帰納の操作であると言えます。しかし、たとえば F. ベーコン（Bacon, F.）がイドラ（偶像）批判において、偏見や習慣などに基づく先入観をあらかじめ排除した上で自然の潜在的機構を帰納法によって取り出すことを求めるのに対し、アリストテレスの経験はそうした先入観をも含むものでした。すなわち、近代的帰納法における出発点としての経験は方法的に統制され不純物が取り除かれたものでなければならなかったのです。こうした経験の観念はコメニウスやロックに見出すことができます。J. A. コメニウス（Comenius, J. A.）にとって子どもの経験は、さまざまなことがらの図絵を名前とともに提示し、すべてのことがらを秩序化し、あるべき「世界」の提示を試みる『世界図絵』のような装置によって統制される必要がありました。また、

J. ロック（Locke, J.）にとって学習の出発点は、なんらかの傾向性をもつ「**白紙（タブラ・ラサ）**」としての精神である必要がありました。ここにアリストテレス的な経験はもはや存在せず、知識が伝わる前提条件として自然発生的ではない人為的な経験といったものが必要になっているのです。

　もう１つの数量化とは、現象を数学的関係に置換することであり、数学的な知識内容を先在する真理のモデルと見なすプラトンと同様に、世界の数学的表現をめざす操作であると言えます。しかし、近代科学は実験などの技術・作業を通して数学的関係に置換するところの経験的諸要素を手に入れるため、その知識は技術・作業といったものと密接に関係することになり、現実の世界に属する手仕事とイデアの世界に属する知識といったように両者を別々の世界に分離するプラトンとはその性質を大きく異にします。こうした学習者の活動を通した知識形成という考え方は J.-J. ルソー（Rousseau, J.-J.）から J. H. ペスタロッチ（Pestalozzi, J. H.）を経て**新教育**にまで受け継がれていると言えるでしょう。ここにプラトン的な観照的知識観はもはや存在せず、知識が伝わる前提条件として作業や活動といったものが必要になっているのです。

　以上から、プラトンやアリストテレスの視点を私たちがそのまま利用することは難しいことがわかりました。また近代の知識観において、知識は世界を表象するものとされ、さらに知識が伝わる前提条件として人為的な経験や作業といったものが必要になることがわかりました。このようにまとめると、知識移転という考え方が私たちにとってなじみ深いものとなった事情をつぎのように考えることができるでしょう。それは、近代において世界を表象する知識が人間とは切り離されて客観的に存在するものと見なされ、さらに前提条件が整えられないかぎり知識が伝わることはないと考えられることで、知識はどこからかやってこなければならないという知識移転の考え方が私たちに根づいたのではないかということです。

　であるならば、知識移転とは異なる考え方を見つけ出すためには、知識を客観的に存在するものとはとらえず、また人為的な経験や作業という知識が伝わる前提条件をとらえ直していく視点が必要になると考えられます。そしてその

視点をまるごと **J. デューイ**（Dewey, J.）の思想に見出すことができるのです。彼は子どもの作業・活動を中心に置きながら経験の絶えざる再構築が教育であると説きつつ、さらに知識を世界の表象としてとらえる知識観を批判し続けました。そこで次節ではデューイの思想から、知識が伝わるとはどういうことかを考えるためのあらたな考え方を取り出してみたいと思います。

第 3 節　知識移転の神話を超えて ——関係性の結節点としての知識

1.「知識の傍観者理論」への批判と実験主義

　デューイは『確実性の探究』において「**知識の傍観者理論**」と彼が呼ぶところの認識論的立場を批判しました（Dewey 1929）。知識の傍観者理論とは外部世界に客観的に存在する事物を見ることとして知ることをとらえる立場を指します。それに対してデューイは実験主義と呼ばれる独自の認識論的立場を打ち出し、知ることを世界のなかで進行しているある種の相互作用への参加（＝**トランザクション**〈trans-action〉）としてとらえようとしました。

　森田尚人はこのトランザクションの視点について、①経験をある状況における行為のレベルでとらえること、②人間を含む生命体と環境をともに実体化することなく、両者の未分化な関係そのものが経験を構成する第一義的なものであるとすること、という 2 つの特徴を有しており、さらにそれは「能動的な主体としての人間は環境への反応を通して生み出される意味を媒介にして世界を構造化しながら生きるという視点」によって支えられているとまとめています（森田 2019，47 頁）。それをふまえてデューイの認識論的立場を説明するならば、つぎのようになるでしょう。すなわち知ることとは、人間と環境の未分化な関係から始まり、人間と環境との相互応答としてとらえられる「行為」のなかで生じてくる意味を通して、人間と環境が相互に関係づけられ 1 つの生きられる世界が出来してくる過程として考えられるということです。

　たとえば、空気について知るということを考えてみましょう。私たちは普段

何気なく鼻で息をしています（＝「呼吸をする私」）。しかし、鼻づまりになると息苦しくなり、そのことから普段は鼻で空気を吸っていたということを知るようになります。この時、鼻づまりという行為のなかで生じてきた、息苦しいという意味を通して、鼻と空気は相互に関係づけられ、「空気を鼻から吸うことで呼吸をする私」という１つの生きられる世界が出来してきたということができるでしょう。鼻づまりを経験し、空気について知った私は、もはや以前の私と違うのであり、世界もまた同様に以前とは異なるということです。知ることを通して世界と私が一変するというダイナミズムを、デューイの実験主義と呼ばれる認識論的立場には見出すことができるのです。

　ここに知識移転とは異なる考え方を見出すことができるでしょう。それは人と物事が相互に関係づけられるという考え方です。この考え方のもとで知識が伝わるとはどういうことかを考えるならば、それは人と物事との相互行為によって生じてくるなんらかの意味の上でそれらが相互に関係づけられ、その関係づけのなかでそれぞれの存在が作り上げられることにより、自分の生きる世界がそのつど立ち上がってくるという一連の過程としてとらえられることになるでしょう。そしてここでは知識が、人と物事との相互行為によって生じてくるなんらかの意味として、また人と物事が相互に関係づけられる関係性の結節点として位置づけられることになります。この時、知識はプレゼントのように単にどこからかやってくるものではなく、人や物事が相互にコミュニケーションをするための「記号的のりしろ」（福島 2017, 105 頁）として機能するものととらえ直されることになるのです。

　デューイの認識論的立場を以上のように整理することで、「学校における知識の獲得と、共同生活という環境においてなされる活動あるいは**オキュペーション（occupation：「専心活動」とも訳される）**との結びつき」（デューイ 1975, 224頁）が重要であると述べた意味を理解することもできるようになるでしょう。それは、化学や地理などの教科学習の内容をいきいきと学ぶ必要性を声高に叫んでいるのではなく、オキュペーションこそが知識獲得であると述べているのです。すなわち、知識を獲得することとは、人と物事との相互行為によって生

じてくる意味の上でそれらが相互に関係づけられ作り上げられることにより自分の生きる世界がそのつど立ち上がってくるという一連の活動（オキュペーション）であるということです。また、子どもの作業・活動を中心に据えた経験の絶えざる再構築が教育であるというデューイのことばも、子どもの経験が単に作り直されるといったことではなく、子どもも含めた人や物事が関係づけられ相互に作り上げられていくなかで子どもの生きる世界が立ち上がるというダイナミズムを指すものとして考えなければならないのです。

2. 再び存在論へ──知識伝達を関係論的に考える

　知識を関係性の結節点としてとらえ、知識が伝わることを人と物事とが相互に関係づけられることとしてとらえるデューイの思考を、ある種の**関係論的思考**と呼ぶこともできます。関係論的思考とは「関係し合う存在は相互に構成されていると見なす」（インゴルド 2020, 118頁）という視点から出来事をとらえる思考のことを指します。T. インゴルドによれば、こうした関係論的思考は、「どのようにして私たちが住まう世界を知ることができるのか」という認識論的な問いではなく、「私たちが知っている世界はどのようにあるのか」という存在論的な問いを考えるために必要であると言います（インゴルド 2020, 23頁）。近代哲学が存在論から認識論への転換であったとすれば、知識伝達を関係論的に考えるデューイの試みは、知識が伝わるとはどういうことかを再び存在論的に根拠づけようとする試みであるとも言えるでしょう。

　表象モデルとしての知識移転という考え方は、そのわかりやすさから、保護者や同僚に自分の教育実践を説明する上では非常に有効なものです。しかし、わかりやすさと引き換えに、知識移転という考え方は知識が伝わるという教育実践の過程で実際に何が起こっているのかをとらえ損ねます。教育実践で何が起こっているのかを知るためには、「どのようにしてそれを知ることができるのか」という認識論的問いだけでなく、「それがどのようにあるのか」という存在論的問いからもアプローチしていかなければならないのです。

　本章の議論は、知識移転という考え方と人と物事とが相互に関係づけられる

という考え方のどちらが教育実践を考える上でよりよいのかを見きわめようとするものでは決してありません。教育実践についてじっくり考え、それを他者と共有し、さらにそこからあらたな教育実践を構想していくためには、知識移転という考え方とともに教育実践を存在論的に問う考え方も必要なのです。本章で示された人と物事とが相互に関係づけられるという考え方は、教育実践を存在論的に問う考え方の1つを明るみに出したにすぎません。

 ## 第4節　実践に向けて——関係論的視点から教育を考える意義

　本章では知識を関係性の結節点としても、知識が伝わることを人と物事とが相互に関係づけられることとしても考えられることを示してきました。それでは最初の問題にもどってみましょう。みなさんは AI・ゼロ君と AI・アルファ君のどちらが勝ったと予想しましたか。

　実はこの対決は実際に行われた対戦で、結果は AI・ゼロ君の圧勝でした（対戦結果を詳しく知りたい人は「AlphaGO」で検索してみてください）。なぜ AI・ゼロ君が圧勝したのでしょうか。その理由を本章から導き出すことができます。

　棋譜データとは自分と相手との碁石の関係性を示したものであると言えます。したがって、棋譜データを学んだ AI・アルファ君は膨大な数とはいえ限りある関係性のなかで勝利パターンを学んでいたことになります。他方、AI・ゼロ君は人間には到底真似できない処理速度で試行錯誤をくり返すことで、碁石の関係性を無限に作り出し、そこから勝利パターンを AI・アルファ君以上に学んでいたことになります。すなわち、あらかじめ関係性が与えられていなかったからこそ、AI・ゼロ君は AI・アルファ君より多くの知識を獲得することができ、圧倒的な差で勝利することができたということになるのです。

　また、知識が伝わることを人と物事とが相互に関係づけられることとして考えることで、これまで本書で示されてきた内容を知識が伝わるという観点から整理することができるようにもなります。たとえば、第1〜3章で示された教えることと学ぶことの非対称性は、知識が伝わることによってはじめてなんら

かの教育関係ができることを示したものとしてとらえることができます。また、第4～6章で示された多様な緊張関係のなかに置かれる学校において子どもが多様な関係性を構築していくという内容は、学校で行われる知識伝達によって人と物事との関係性が取り結ばれていくことを示したものであるとも言えます。さらに、第7～9章で示された教育に本質的に備わる暴力性は、知識が伝わることによりなんらかの関係性が生じることで別にありえたかもしれない関係性が生じなかったことを言い表したものとして位置づけることができるのです。

　以上のように、知識を関係性の結節点としてとらえ、知識が伝わることを人と物事とが相互に関係づけられることとして考えることは、教育実践や学習の過程で何が起こっているのかをミクロな視点でとらえるだけでなく、みなさんが当たり前と思っている教育観を揺さぶる手がかりともなるはずです。

　知識は誰かに何かを教えるためにあるのではなく、自分と他者（人だけでなくモノゴトを含みます）が関係するためにある。そう考えた時、教育という営みは想像していた以上に創造的な営みに見えてくるのではないでしょうか。

（國崎　大恩）

演 習 問 題

(1) 第1章で示された学び教える世界と教育の世界は、本章で示した知識を関係性の結節点としてとらえる視点からどのような違いがあると言えますか。

(2) 第5章で示された学校には多様な他者との関係を調整する機会が秘められているという指摘をふまえつつ、知識が伝わることは人と物事とが相互に関係づけられるという視点から、学校の教育機能についてまとめてみましょう。

【引 用 文 献】

Dewey, J.（1929）*The Quest for Certainty: A Study for the Relation of Knowledge and Action,*

The Later Works of John Dewey, vol. 4, Carbondale: Southern Illinois University Press.

デューイ，J.（1975）松野安男訳『民主主義と教育（下）』岩波書店.

福島真人（2010）『学習の生態学——リスク・実験・高信頼性』東京大学出版会.

福島真人（2017）『真理の工場——科学技術の社会的研究』東京大学出版会.

今井康雄（2017）「知識」，教育思想史学会編『教育思想辞典 増補改訂版』勁草書房，534-539 頁.

インゴルド，T.（2020）奥野克巳・宮崎幸子訳『人類学とは何か』亜紀書房.

森田尚人（2019）「教育学とはいかなるディシプリンなのか」，森田尚人・松浦良充編『いま、教育
　と教育学を問い直す』東信堂，5-60 頁.

中西善信（2013）「知識移転の構成概念とプロセス——知識の使用とルーチン形成の相互作用
　——」，『日本経営学会誌』第 31 号，27-38 頁.

野中郁次郎・竹内弘高（2020）梅本勝博訳『知識創造企業』東洋経済新報社.

11 エビデンスに基づく教育は教育の画一化をもたらすのか？

「エビデンス」について

「エビデンスに基づく教育（EBE: Evidence-based Education）」ということばを聞いて、みなさんはどのような教育の姿を想像しますか。実は、「エビデンスに基づく教育」は、厳密にはエビデンスに基づく教育実践や教育政策や教育研究などの多様な事象を意味します。また、「**エビデンス**」ということば自体も多様な事象を指し示します。たとえば、広い意味ではそれ以上議論する必要がないほど明証的であることがらを意味します。他方、狭い意味では、計量的方法であれ質的方法であれ、一定の基準を満たした「科学的」方法によって導き出された研究成果のみをエビデンスと呼ぶ場合もあります。この章では、とくに科学的研究の成果に基づいて行われる教育実践に限定して話を進めることにします（以下とくに説明を加えないかぎり「実践」という語を省略して「エビデンスに基づく教育」あるいは EBE と表記します）。まずは「エビデンスに基づく教育」の善し悪しについてあなたの考えを述べ、その上でみなさんがなぜそう考えたのか、その理由を記してみてください。

【自分の考え】

【そのように考えた理由】

「エビデンスに基づく教育」への賛否両論について考えてみよう

　冒頭の問いに対して、「エビデンスということばは、児童生徒や教師とは別の誰かにとって都合のよい教育実践を上から押しつける時に用いられるレトリックにすぎず、他の多くのカタカナ英語と同じように不都合な真実を見抜かれないよう人々を煙に巻くために使われるものなので、このことばが使われる場合には十分に警戒すべきだ」、あるいは、「科学的研究の成果は一般化できるし、再現可能だという点に長所があるにしても、逆に、エビデンスに基づく教育は教育の画一化をもたらすことになり、個々の児童生徒の特性に応じたきめ細やかな実践や実践家としての教師の主体性をも排除することになる」と否定的な答え方をした人もいるのではないでしょうか。

　前者の批判については、たとえば新型コロナの感染拡大の原因をめぐって政治の世界で「エビデンス」ということばが用いられた文脈（たとえば2020年11月25日の衆議院予算委員会での立憲民主党・枝野（元）代表による質疑に対する菅（元）首相の答弁）を想えば、「エビデンス」に基づいて行われる教育実践というものへの否定的評価にも一理あると言わざるをえません。というのも、「エビデンス」ということばが、しばしば反対意見を封じたり自分の意見を押しつけたりするための魔法のことばとして使われてしまっているのも事実だからです。

　では、第2の批判についてはどうでしょうか。まずは**教育の画一化**について考えてみましょう。とくに義務教育段階では、児童生徒の将来の進路選択のために多様な選択肢を確保しておく必要があり、したがって個々の生徒の個性や教師の主体性よりもむしろ、教育の共通性の方が重視されなくてはならないでしょう。もちろん、「義務教育段階でも、共通性の高い内容の学習をすべての児童生徒に保障するためにこそ、個々の児童生徒の特性に合わせた多様な教育方法が必要になるのだ」というふうに、内容と方法の画一性を区別して考えることも必要でしょう。しかし、「児童生徒の特性」に応じることが重要であるにしても、同じ場所で同じ時間に行われる一斉授業の場合には、クラスのなか

の多くの児童生徒におおむね共通して見られる特性に即した方法で実践を行わざるをえないという実際的理由もあるため、教育の画一化を全面的に否定することは難しいのではないでしょうか。このように考えると、早まって教育の画一化それ自体について善悪の判断を下す前に、まずは教育の画一化が個々の児童生徒や教師に幸せ（あるいは害）をもたらすのか否か、もしそうだとすれば、どのような幸せ（あるいは害）をもたらすのかを慎重に考えるべきなのかもしれません。仮に EBE が教育の画一化をもたらすのだとしても、まずはその画一化の中身について慎重に考えた上で、EBE の功罪を考えても遅くはないでしょう。

　他方で、冒頭の問いに対して、つぎのように肯定的に答えた人もいるでしょう。たとえば、「教育の実践は児童生徒の将来の人生に関わるものであるから、明確な科学的研究の成果（エビデンス）に基づいて実践を行うべきだ」、「古くから実践されてきたということだけではその実践の正しさの証明にはならないし、逆に、これまでになかった新しい実践も、ただそれが新しいというだけでは正しさの証明にはならない。だから、教育実践では厳密な科学的方法によってその効果を検証された方法を用いるべきだ」など。本章は、おおむねこのような肯定的立場に立って書かれています。ただし、教師の主体性や児童生徒の特性を無視するような教育の画一化を肯定したり推奨したりするつもりはまったくありません。というのも、そもそも「EBE は教育の画一化をもたらす」という考え方自体が大きな誤解をはらんでいるからです。そこで、以下では EBE の出発点に立ち返って、この誤解を解いていきたいと思います。

第2節　手本としての「エビデンスに基づく医療」

　日本で、いわゆる「エビデンスに基づく教育」（実践に限定されない）は、2000年以降、主に国立教育政策研究所によって推進されてきました。岩崎（2009）によれば、この研究所の研究活動は、「医療から始まったエビデンスに基づく実践」、すなわち1990年代初頭のイギリスに始まる「**エビデンスに基づく医療**

（EBM: Evidence-based Medicine）」と、「**OECD** によるエビデンスへのアプローチ」という2つの動向を参照しつつ行われてきました。この章では、EBE の手本とも言える EBM に焦点をあてることにします。

　EBM とは、外部のエビデンス、すなわち現在入手可能な最善の研究成果や複数の研究成果を比較・分析した二次資料を参照しながら、個々の患者に対する診療を、生涯学習プロセスとして続けていく医療実践のことです。EBM の基本的考え自体は19世紀のパリあるいはそれ以前にさかのぼるとされます（詳しくは伊藤 2002, 26 頁）。しかし一般には、イギリスの医療制度予算の効率的使用、RCT（ランダム化比較試験：さまざまなバイアスを回避して医療行為の効果を客観的に評価するための実験的研究の方法）およびシステマティック・レビューの重要性を指摘した疫学者 A. L. コクラン（Cochrane, A. L.）、研究デザインによるエビデンスの強度の違いを主張したアメリカ・イェール大学の内科と臨床疫学の教授 A. ファインシュタイン（Feinstein, A.）、そして EBM に関する教科書を刊行し、EBM の世界的な普及に貢献した D. L. サケット（Sackett, D. L.）が「EBM の 3 人の父」と呼ばれています（津谷 2012, 187-191 頁）。EBM という名称はカナダ・マクマスター大学医学部教授 G. ガイアット（Guyatt, G.）がそれまでの「臨床疫学」をそう言い換えたことに始まりますが、1992 年に彼を中心とする国際的ワーキング・グループがアメリカの医学雑誌 *JAMA*（*The Journal of the American Medical Association*）に EBM の提案を掲載（松村 2002, 28 頁）して以降 EBM は注目され始め、とくにサケットらが 1997 年に公刊した教科書 *Evidence-based Medicine* によって世界各国に普及しました。

　サケットらの教科書の初版（1997）によると、EBM はつぎの5つのステップで進められます。

ステップ1：診断、予後、治療や他の保健医療問題に関する臨床上重要な情報のニーズを回答可能な問いに変換する。

ステップ2：それらの問いに答えるための最善の根拠を最大の効率で見つけ出す。

ステップ3：根拠の妥当性（真理への近さ）と有用性（臨床的適用可能性）について

批判的に吟味する。

ステップ4：この批判的吟味の結果を臨床行為に適用する。

ステップ5：われわれの臨床行為を評価する（サケットほか 1999, 2-3 頁）。

　また、とくにステップ1で臨床的な問いを設定する際には、「どんな患者に（Patient）」「何をすると（Intervention あるいは Exposure）」「何と比べて（Comparison）」「どうなるか（Outcome）」を明確にすることが重要視されます。なお、EBM についての他の多くの教科書では、これらの頭文字を取ってPICO（あるいは PECO）と呼ばれています。

　要するに、目の前の個々の患者の状態をどう維持あるいは改善したいのかという問いを PICO の観点で明確化した上で、外部のデータベース上の研究結果等を検索して批判的吟味を加え、これを実践し、実践結果を評価するというのが EBM の基本的なプロセスです。

　しかし、この教科書の初版が公刊されるまでのあいだに、すでに EBM はさまざまな誤解（あるいは批判）を受け（松村 2002, 28-29 頁）ていました。そのためこの教科書の初版では、わざわざ「何が EBM でないか（What EBM is not）」という小見出しのもとで、その誤解を解こうとする（あるいは批判を克服しようとする）努力がなされています。

　そこでは、①EBM はすでに誰もが実践しているありふれたものでも、多忙な臨床医に実践不可能なものでもないということ、②EBM で参照される「外部の臨床的エビデンス」は独創性を欠いた「料理のレシピ本」のように個々の患者のための診療を規定するものではないということ、③必ずしも保健医療費の削減につながるものではないということ、そして、④EBM でエビデンスとされる外部情報は RCT や複数の RCT の結果を対象としたシステマティック・レビューやメタ・アナリシスに限定されないということが強調されています（サケットほか 1999, 3-5 頁）。

　ここでは、それまでに EBM に寄せられた誤解や批判が「ない」ということばで否定されているわけですが、とくにこの章で強調しておきたいのは、EBM が個々の臨床医の主体性を奪い去るものではないということ、また、ど

のような種類の外部のエビデンスをどのように用いるのかは最終的に臨床医にまかされているということ、つまり画一医療をもたらすものではないということです。

　しかし、その後も EBM の考え方は十分に理解されなかったようで、早くも 2000 年にはこの教科書の第 2 版が公刊されています。第 2 版では、主に以下の 4 点が修正されています。第 1 に、EBM を定義した箇所で EBM の構成要素として、初版では医師個人の「臨床的な専門技能」と臨床医によって参照される「外部のエビデンス」の 2 つがあげられていたのですが、第 2 版では「患者の価値観」というもう 1 つの要素が加えられています。第 2 に、EBM の定義の修正に対応して、上述の EBM のステップ 4 も患者の価値観というあらたな要素を加える形で、「この批判的吟味と、私たちの臨床的な専門技能および私たちの患者に特有な生態、価値観、環境とを統合する」（サケットほか 2003, 4 頁）と修正されています。第 3 に、EBM のステップ 1 で臨床的な問いを設定するにあたって、第 2 版では患者自身の問いを尊重すべきことが強調されています。具体的に言うと、ステップ 1 で医師は、PICO（PECO）の 4 つの要素からなる臨床上の問いを立てます（サケットほか 1999, 28 頁：サケットほか 2003, 20 頁）が、第 2 版ではさらに、医師は、みずからの問いが患者自身の抱く問いと食い違う可能性を想定し、以下の 4 つの問いかけに対する患者からの回答を組み込む形で臨床的な問いを設定しなければならないとされます。すなわち、「あなたは何が問題だと思いますか？」「どのような治療を必要とする／望むかについて、何かお考えはありますか？」「この治療について、どのような代替治療法を聞き／読み／考えたことがありますか？」そして「どのように有益な治療結果をあなたは望み／必要としていますか？」（サケットほか 2003, 25 頁）という問いです。そして第 4 に、ステップ 2 で参照される外部のエビデンスの種類が拡張され、RCT のような計量的研究だけでなく、質的研究の重要性も指摘されています。

　要するに、これら一連の修正によって、利用者である臨床医と個々の患者とが明確に区別され、EBM の診療プロセスにおける臨床医の患者理解に限界が

あることが明示されたと言えます。別の言い方をすると、サケットらの教科書の初版では EBM の構成要素とされた医師の「臨床的な専門技能」のなかに「患者の生態、価値観、環境」への配慮が含まれることが自明の前提とされていました。それに対して第 2 版では、この「患者の生態、価値観、環境」という要素がそこから明確に独立したのです。それは、目の前の患者を理解することの限界を臨床医が受け容れるべきことを意味するでしょう。これによって、患者が医師の「パターナリズム」（斎藤 2016, 60 頁）を脱し、医師の想像力を超えた「他者性」（斎藤 2014, 22 頁）を備えた「パートナー」として独立したとも言えます。そしてさらに、医師がこの患者の「他者性」に接近する際の手がかりとして質的研究の成果（外部のエビデンスの一部）が貢献しうる可能性も拓かれたのです。

　以上のことからすでに、EBM が画一医療をもたらすという理解が誤りであることは明白でしょう。というのも、EBM は、「外部のエビデンス」によってのみならず、「医師の臨床的な専門技能」や「患者の生態、価値観、環境」をも考慮に入れてはじめて成り立つものだからです。

第3節　EBE における教師の経験的知識、そして、子ども・保護者の価値観の大切さ

　こうして誤解をはらみながらも医療の世界で開始された EBM の実践が、犯罪や福祉などの他の実践諸領域と同様に教育の世界にも波及していきます。教育に関して言えば、ケンブリッジ大学の **D. ハーグリーブズ**（Hargreaves, D.）による 1996 年の講演「研究に基づく専門職としての教職（Teaching as a research-based profession）」が EBE（教育実践に限定されない）の出発点となります。その後 EBE（教育実践に限定されない）は、OECD の報告書 *Evidence in Education: Linking Research and Policy*（2007）等によって国際的に知られるようになります。2001 年にはアメリカで施行された **「どの子も置き去りにしない法（NCLB 法：No Child Left Behind Act）」** の報告書を通じてエビデンスの不足が知られるよ

うになり、それを受けて 2002 年には EBE のためのデータベースサイト **WWC**（What Works Clearinghouse）が設けられます。2000 年に設立された国際組織**キャンベル共同計画**（Campbell Collaboration）もその活動の一部として教育に関するエビデンスの作成と伝達の機能を担っています。EBE を促進する各国の組織として、イギリスで 2011 年に **教 育 基 金 財 団**（EEF: Education Endowment Foundation）が設立され、諸外国との連携をも進めています。日本では 2009 年に上記の OECD の報告書が翻訳出版され、その後冒頭で述べたように**国立教育政策研究所**が中心となって EBE の普及に貢献しています（森 2019, 133-135頁）。また、2009 年に広島大学大学院の修了生を中心に設立された「**エビデンスに基づく教育研究会**」の活動にも今後注目すべきでしょう（https://ebe-riron-jissen.jimdofree.com/）。

　さて、第 2 節で示したような、EBE のモデルともなった EBM におけるさまざまな誤解や批判と、これに対処しようとする EBM 側からの説明を考慮すれば、教育においても EBE に対する賛否両論に対して慎重に向き合う必要が明らかになるでしょう。

　EBE に対する賛成意見について検討すべきは、それが EBE に対する誤解に基づいたものではないかということです。具体的には、その主張が子どもたちの幸せを目標とするものなのか、それともエビデンスを子どもたちとは別の特定の個人や集団の利害を実現するための道具として利用しようとしているだけなのかを見極めることが大切です。たとえば、国家や地方自治体の教育予算の削減を正当化するために教育に関するエビデンスがもち出される場合（たとえば Hargreaves 1996）には十分な警戒が必要でしょう。そのためには、国家や地方自治体によって提示されたエビデンスをみずから批判的に吟味したり、提示されたものとは異なるエビデンスをみずから探してみることが大切です。

　他方、EBE に対する反対意見についても、それが同様の誤解に基づいていないかどうかを吟味すべきです。具体的には、この反対意見は、EBE が教師の主体性や児童生徒の特性を排除し教育の画一化を推し進めるものであると想定しているのではないでしょうか（たとえば、Biesta 2007, 2010 ですら、その主張内

容自体は十分納得のいくものであるにもかかわらず、EBM および EBE に対する理解は一面的です）。それが誤解であることはすでに明らかでしょう。

　要するに、EBE が EBM をモデルとして発展してきた以上、EBE においても、外部のエビデンスだけが実践のあり方を規定するわけではないのです。しかも外部のエビデンスには、RCT やそのシステマティック・レビューやメタ・アナリシスだけでなく、質的研究も含まれます。つまり、EBE においても、外部のエビデンスと並んで、実践家（教師）の臨床的な専門技能や対象者（児童生徒や保護者）の生態、価値観、環境が等しく考慮に入れられなければならないのです。逆に、個々の教師がそうした努力を怠り、国家や地方自治体が提示するエビデンスを盲目的に受け容れる時、教育の画一化の負の側面を顕在化させるような実践、したがって EBE とは似て非なる実践が始まるとも言えます。そこで以下では、教育の画一性へと堕する可能性のある要注意箇所についても示唆しながら、外部のエビデンスの活用法を例示していくことにします。

第4節　実践に向けて——外部のエビデンスの活用法

　一方で、教師の臨床的な専門技能は長年の実践経験によって培われるものです。他方で、子ども（あるいは加えて保護者）の特性や価値観というものも、たとえば当事者が居合わせていないこの大学の授業で、抽象的に定義できるものではありません。そこで、この節では、あくまでも教壇に立つ前の準備として、以下に示す架空のシナリオをもとに、外部のエビデンスにどのようにしてアクセスするのか、得られたエビデンスをどのようにして批判的に吟味するのかを学んでいきましょう。

> 【シナリオ】あなたは普通科の公立高等学校の教諭です。この学校に通う生徒たちの学力は平均的で、与えられた課題の解決はうまくやってのけますが、課題や解決法をみずから創造的に見出すことは苦手です。生徒たち自身この弱点を意識しており、なんとか乗り越えたいと望んでいます。そうしたなか、芸術文化を教育的に利用する革新的実践を支援しているある財団の助成金を学校として申請しようという話がもち上がります。週

に2時間の総合的学習の時間を活用しながら、すべての生徒が1年間継続的に芸術活動に携わるというプロジェクトです。

このシナリオは、あなたが置かれた架空の状況を示しています。

1. ステップ1

まず、このシナリオをもとにして臨床的な問いを設定します。その際、EBEのお手本であるEBMのステップ1で設定されるPICOを手本にして作業を進めていきます。なお、児童生徒（Student）は患者（Patient）ではありませんから、ここでは森（2020）に倣って**SICO**（森2019, 139頁）と呼ぶことにしましょう。

ここではつぎのようなSICOを立ててみました。

S（どのような生徒に）：「過去にとくに芸術活動に携わったことがない」「創造性を欠いている」「平均的な学力の」「普通科公立高校の生徒」

IとC（どのような介入をすると、何と比較して）：「正規のカリキュラムとして（総合的学習の時間）で芸術活動に参加する場合としない場合」「長期間（1年間）と短期間の参加」「定期的（毎週2時間）と1回限りの参加」

O（どうなるか）：「創造性が高まる」

なお、ここで例示したSICO以外にも複数のSICOを自由に立てることができます。たとえば、IとCを「芸術作品の制作と鑑賞」としてもかまいません。

2. ステップ2

このステップでは外部のエビデンスを検索します。できるだけ広い範囲で検索を行った方がよいので、SICOに使われている文言を英語に直して検索語として使うことにします（もちろんステップ1での問いが違えば検索語も違ってきます）。ここでは「arts（芸術）」「creativity（創造性）」「high school students（高校生）」という3つのタームをクロスさせる（＝あいだにスペースを挿入する）形でgoogle検索を試みます。すると、ヒットした多くの論文や記事のなかにHamann, D. L. らの "Arts Experiences and Creativity Scores of High School Students" という論文が見つかったので、この論文を読んでみることにします（ステップ3で

この論文について批判的吟味を行うので、https://www.jstor.org/stable/24127318 から各自
で論文を入手しておいてください。その際には、上記の3つの検索語に著者名の Hamann を
加えることでこの論文に関係する情報に簡単にアクセスすることができます。ダウンロード
は有料ですが、所属する大学が雑誌購読契約を結んでいれば学内ネットワークに接続した端
末から無料でダウンロードできるはずです)。

3. ステップ3

　このステップでは、以下の (1) 〜 (3) の3つの観点で論文の妥当性と有用
性を批判的に吟味します。ここで批判的吟味の対象となる論文は英文で書かれ
ています。多忙な教師にはおそらく英語論文を読むことは大きな負担になるで
しょう。そこで、ここでは DeepL（https://www.deepl.com/ja/translator）という無
料翻訳サービスを用いることにします。論文全体を読む必要は必ずしもないの
で、読みたい箇所（とくに方法（Method）と結果（Result）が重要）だけをコピー＆
ペーストして訳しながら作業を進めていきましょう。

　以下に私が吟味した内容を記載します（吟味した結果は人によって異なります）。

(1) この論文の結果は信頼できるか？——「はい」

　論文の妥当性をチェックするために重要となるチェック項目にはさまざまな
ものがあります。また、その論文が計量的研究なのか質的研究なのかによって
もチェック項目は違ってきます。そこで、以下では3つのポイントに絞り込ん
で批判的吟味を行うことにします。すなわち、①明確に SICO が設定されてい
るか、②明確な研究課題（research questions）が設定されているか、③ピア・レ
ビュー（第三者による査読）を経た論文かという3点です。とくに③のチェック
項目は、この章での作業を簡略化するために設定したものです。本来、計量的
研究であれ質的研究であれ、研究課題に答えるために適切な研究方法が採用さ
れているか、研究規模やサンプリングは適切か、調査や分析の過程で適切なバ
イアス処理が行われているか等々の、実に複雑なチェックが必要となります。
しかし、これらのチェック作業を教師が自分で行うのはあまりにも負担が大き
いため、論文がピア・レビューを行っている雑誌に掲載されているという事実

をもって、これらすべてチェック項目をクリアしていることの「目安」にしました——ただし、この基準はあくまでも目安にすぎませんし、学会の権威を無批判に受け容れてしまうという大きなリスクを伴うものであること、すなわち、この権威への服従が教育の画一化の負の側面を顕在化させるきっかけにもなりうるということを決して忘れてはならないでしょう。

　①明確に SICO が設定されているか？——「はい」

S（どのような生徒に）：「コロラド州・フロントレンジの地方の高校2校、都市部の高校2校、大学都市の高校1校、校外の高校2校の合計7校のいずれかに在籍する生徒」「参加を依頼された 155 名の高校生のうち、記入済みフォームを返送した 144 名（男性 100 名、女性 44 名）」

IとC（どのような介入をすると、何と比較して）：中学または高校（7～12年生）在学中に、ジャズ、音楽（ジャズを含む）、ビジュアルアート、演劇のいずれかの芸術ジャンルのクラス（授業）、パフォーマンスアンサンブル、演劇作品等に参加した経験において、「男と女」「芸術経験の量が多いグループと少ないグループ」

O（どうなるか）：「Guilford and Guilford（1980）の結果尺度（Form A-1）で測定された創造性スコアが高くなる」

　ここでは、シナリオから導き出した SICO と論文の SICO が近似していることの確認が非常に重要な意味をもちます。近似が認められない時は迷わずに、別の論文を再検索しましょう。この確認作業を怠る時、教育の画一化の負の側面がただちに顕在化します。しかし、ここで取り上げた論文について言えば、シナリオの SICO とのかなりの接近を確認できます。よって、この論文をそのまま読み進めていくことにします。

　②明確な研究課題（research questions）が設定されているか？——「はい」

　この論文では、「高校生の創造性スコアの平均値の有意な差は、芸術経験の程度によって見出されるのではないか」という第1の仮説、および、「創造性スコアの平均値の有意な差は、性別と達成度（GPA）によって見出されるのではないか」という第2の仮説を検証することが研究課題とされています。

③ピア・レビュー（第三者による査読）を経た論文か？――「はい」

掲載されている雑誌名 "*Contributions to Music Education*" を検索すると "https://www.jstor.org/journal/contmusieduc?refreqid=pub-view%3A9a91317 e186ffdbdf8a8bb0b72818975" というサイトがヒットします。このサイトにある "Journal Info" のリンクボタンをクリックすると雑誌情報の記載があり、それによってこの雑誌に掲載された論文がピア・レビューを経ていることを確認できます。

(2) 論文の結果は何か？――「以下の3点」

・ジャズ経験およびビジュアルアートの経験単位が異なる被験者のあいだでは、創造性スコアの平均点に有意な差は見られない。

・音楽経験の単位が「低い」および「中程度」の被験者は、音楽経験の単位が「高い」被験者に比べて、創造性スコアの平均値が有意に低い。

・演劇経験が「ない」被験者は、演劇経験が「ある」被験者に比べて創造性のスコアが有意に低い。

(3) 論文の結果はあなたにとって役立つか？――「保留」

この論文は、たしかにI（介入）の年齢が近い（シナリオでは高校生／論文では中高生）という点、また、少なくとも音楽（ジャズを除く）と演劇という芸術活動をカリキュラムに組み込むことを支持しうる点では役立ちそうです。しかし他方で、少なくとも (2) には問題がありそうです。つまり、「論文の結果」から芸術経験と創造性とのあいだの相関関係の有無は明らかになりますが、相関の強さを知ることはできません。また、そもそも相関関係から単純に因果関係を導き出すことはできません。よって、この論文はシナリオで書かれたプロジェクトを実施するためのエビデンスとしては説得力が弱いのかもしれません。ここはもう少し慎重になって、実験研究や質的研究にまで視野を広げてステップ2と3をくり返す必要がありそうです。

なお、もし論文の妥当性を自分でチェックすることが不安だったり、多忙なので近道をしたいというのであれば、ここで例示したように一次研究を一つひとつ自分でチェックするのではなく、3でふれたデータベースにアクセスする

などして、関連するテーマで行われた信頼性の高い研究を総合的に評価したシステマティック・レビューを参照することも可能なのかもしれません。ここでは詳しい説明は省きますが、たとえばJ.ハッティの『教育の効果』（2018）を利用して、みなさんが関心のあるテーマのシステマティック・レビュー論文を見つけることもできるでしょう。ただしそうした場合も、可能なかぎり、そのレビューで取り上げられた一次研究にまでさかのぼってみることが大切です。でなければ、たとえばシナリオのSICOと論文のSICOのあいだのズレなどの重要なポイントを見逃すことになってしまうからです。

4. ステップ4

さて、仮にステップ3の結果、参照した論文が役に立つという結論に至ったとしましょう。その場合、ステップ4に進み、批判的吟味の結果を実践に適用することになります。ただし、すでに強調しておいたように、ここでは外部のエビデンス、実践家の臨床的な専門技能（教師の実践経験に基づく専門技能）、そして対象者の生態、価値観、環境（児童生徒あるいは加えてその保護者の特性や価値観）がバランスよく考慮されることが重要です。もしこのバランスを欠いて外部のエビデンスのみを重視すれば、先に述べた教育の画一化の負の側面が顕在化することになるでしょう。それはもはや本来のEBEではないのだということを十分に認識しておくべきです。

5. ステップ5

このステップでは、実践の結果を評価します。EBM用に名郷（2002）があげている評価項目（41頁）をアレンジして教育版の評価項目を設定するとすれば、つぎのようになるでしょう。

①生徒が話したいことをすべて聞き出したか？　②必要十分な現状診断を行ったか？　③疑問点について勉強したか？　④生徒（および保護者）に十分な情報提供をしたか？　⑤自分の方針を押しつけていないか？　⑥方針を生徒（および保護者）任せにしていないか？　⑦第三者の評価を受けたか？　⑧生徒

（および保護者）の評価を受けたか？

　こうした観点からの評価は教師の経験的知識の一部としてつぎに続く EBE のサイクルの大切な構成要素にもなるでしょうし、またその評価結果が公開されるならば他の類似した実践を支えるエビデンスにもなるでしょう。その意味でこのステップは非常に重要な意味をもっているのです。

　ここまで EBE の5つのステップを追体験してもらったのですが、とくに時間を要するのがステップ2と3です。すでにこれら2つのステップを追体験するだけで「これは実践できない」という印象を抱いた人も多いことでしょう。しかし、2度、3度と試してみることで作業は少しずつ加速していくはずです。たしかに慣れるまでは大変です。しかし、教師たちの単なる思いつきで大規模なプロジェクトを始めることをよしとしない人であれば、「わが校の伝統」ということだけで効果も定かでない実践を続けることに疑問を感じている人であれば、あるいは、「エビデンスがあるのだから指示に従え」という行政からの指示に盲目的に従うことに抵抗を感じている人であれば、まずは外部のエビデンスの検索と批判的吟味を、しかも可能なかぎりシステマティック・レビューに頼らずに自分で試してみてはいかがでしょうか。

（藤川　信夫）

演 習 問 題

　以下のシナリオに即して SICO を設定し、外部のエビデンスを検索し、参照する価値がありそうな論文のリストを作ってみてください。

【シナリオ】あなたは小学校教諭です。とくに社会科の授業で児童は用語の暗記にとどまっていて、なかなか深い理解に到達しません。また、あなたが勤める小学校には、児童による演劇上演の伝統があり、子どもたちもみな年に一度の上演の機会を楽しみにしています。そこであなたは、児童による演劇の制作・上演という方法を社会科の授業に取り入れてみてはどうかと考えました。

【引 用 文 献】

Biesta, G.（2007）"Why "What Works" Won't Work: Evidence-based Practice and the Democratic Deficit in Educational Research," *Educational Theory*, Vol. 57, No. 1, pp. 1-22.

Biesta, G.（2010）"Why 'What Works' Still Won't Work: From Evidence-Based Education to Value-Based Education," *Studies in Philosophy & Education*, Vol 29, Issue 5, pp. 491-503.

Hamann, D. L., Bourassa, R., & Aderman, M.（1991）"Arts Experiences and Creativity Scores of High School Students," *Contributions to Music Education*, No. 18, pp. 36-47

Hargreaves, D. H.（1996）"Teaching as a Research-based Profession: Possibilities and Prospects" (The Teacher Training Agency, Annual Lecture 1996).

ハッティ，J.（2018）山森光陽監訳『教育の効果』図書文化.

伊藤幸郎（2002）「EBM の思想的基盤」,『生命倫理』121（1），25-31 頁.

岩崎久美子（2009）「訳者あとがき」, OECD 教育研究革新センター（編）岩崎久美子ほか訳『教育とエビデンス』明石書店，289-296 頁.

松村真司（2002）「EBM が認めるのはランダム化比較試験だけであるという誤解」,『EBM ジャーナル』3（6）（特集 EBM への誤解をとく），28-33 頁.

森俊郎（2019）「EBE を実践で語ろう」, 杉田浩崇・熊井将太編『「エビデンスに基づく教育」の閾を探る』春風社，130-167 頁.

名郷直樹（2002）『続 EBM 実践ワークブック——今、できる限りの医療を——』南江堂.

サケット，D. L. ほか（1999）久繁哲徳監訳『根拠に基づく医療』オーシーシー・ジャパン.

サケット，D. L. ほか（2003）『Evidence-Based Medicine』エルゼビア・サイエンス.

斎藤清二（2014）『関係性の医療学』遠見書房.

斎藤清二（2016）『改訂版 医療におけるナラティブとエビデンス』遠見書房.

津谷喜一郎（2012）「日本のエビデンスに基づく医療（EBM）の動きからのレッスン」, 国立教育政策研究所（編）『教育研究とエビデンス』明石書店，185-203 頁.

🔵 第Ⅳ部　ワークショップ ⚫ •

1. 調べて、考えてみよう

①エビデンスとデータの違いを調べ、「エビデンスに基づく教育」と「実践事例を
　参考にした教育」との違いを考えてみましょう。

　　エビデンス　＿＿＿＿＿＿＿＿＿＿＿＿＿＿＿＿＿＿＿＿＿＿＿＿＿

　　データ　　　＿＿＿＿＿＿＿＿＿＿＿＿＿＿＿＿＿＿＿＿＿＿＿＿＿

　　「エビデンスに基づく教育」と「実践事例を参考にした教育」との違い

②「診療ガイドライン作成の手引き」などを参考にして医療におけるエビデンスの
　6レベルについて調べ、それぞれのレベルに対応する教育分野でのエビデンスが
　具体的にどういうものになるのかを考えてみましょう。

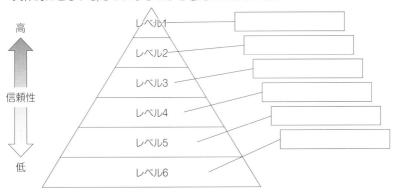

2. 議論して、発表してみよう

　第10章では人やモノが取り結ぶ諸関係の結節点として知識が存在すること、第
11章ではエビデンスだけでなく教師の臨床的な技能や子ども・保護者の生態・価値
観・環境を考慮に入れてはじめてエビデンスに基づく教育というものが成立すること
が示されました。これらをふまえて考えるならば、「教育実践を創造する」とは具体
的にどういう営みとなるでしょうか。

3. 教育学的思考を育むための文献紹介

①福島真人（2010）『学習の生態学——リスク・実験・高信頼性』東京大学出版会：学習理論の批判的考察とともに医療現場などのケーススタディを通してあらたな学習論の理論的枠組みを呈示する、これからの学習を考えるための1冊です。

②生田久美子・北村勝朗編（2011）『わざ言語——感覚の共有を通しての「学び」へ』慶應義塾大学出版会：わざの伝承とことばの関係性に焦点を当てた論文集です。「わざ言語」をめぐって、古典芸能やスポーツなどで活躍する人たちとの対談も収録されています。

③森田敦郎（2012）『野生のエンジニアリング——タイ中小工業における人とモノの人類学』世界思想社：タイの中小工場におけるフィールドワークを通して、技術移転が生み出す人とモノの生成的な関係が具体的に描き出されています。

④中西善信（2018）『知識移転のダイナミズム——実践コミュニティは国境を越えて』白桃書房：国際航空分野をフィールドに知識移転という観点から学びとコミュニティの関係について論じています。①の著書とあわせて読むことをおすすめします。

⑤国立教育政策研究所編（2012）『教育研究とエビデンス——国際的動向と日本の現状と課題』明石書店：教育においてエビデンスがどのように生み出され活用されているのかについて、日本だけでなくイギリスやアメリカなどの状況も書かれています。

⑥デイヴィッド・ラバリー（2018）倉石一郎・小林美文訳『教育依存社会アメリカ——学校改革の大義と現実』岩波書店：アメリカにおける学校改革の失敗がエビデンス不足ではなく学校教育システムの構造そのものに起因することを歴史的に明らかにしています。

⑦杉田浩崇・熊井将太編（2019）『「エビデンスに基づく教育」の閾を探る——教育学における規範と事実をめぐって』春風社：客観的・科学的根拠とされるエビデンスの中立性を疑うとともに、教育という営みの本質から教育とエビデンスの関係性を問い直す論文集です。

解　答

■ 第1章 ■■

　（1）本書の内容を試験のために頭に詰め込んだり、レポートをもっともらしく見せるための素材としてつまみ食いしたりするだけならば、大学の単位は取れるかもしれないが、何も残らないだろう。しかし自分の教育観や教職への向き合い方、あるいは自分の学びのあり方について省察するための手がかりとするならば、糧になるはずである。まずは本で書かれていることに照らして、最初の「自分の考え」をじっくり吟味してみよう。

　（2）たとえばNHKの番組「プロフェッショナル 仕事の流儀」からは、多様な仕事人の学びの姿が垣間見られる。編集されたものなので注意も必要であるが、本章の内容に照らしながら視聴してみよう。類似のインタビュー記事や自伝の類は新聞・雑誌・インターネットなどでもさまざまに読むことができ、本も各種ある。自分が憧れる実践を行っている人、あるいは自分が就きたい仕事で活躍している人への聞き取り調査もオススメである。

■ 第2章 ■■

　今後の新しい時代では、学びは学歴などの資格を得る社会参加の条件ではなくなるだろう。学びは生涯続けられ、またそれは勉強という形で強いられるものではなく、学習者の必要や興味関心に応じて行われるものとなるだろう。その際、学びと遊びは分けられるものではなく、学習者の能動的な興味関心に応じて、楽しいから行われる各自のペースで自由に進められる、遊びの要素が強いものとなるだろう。

■ 第3章 ■■

　（1）教育関係について論じることの意義を固定的に考える必要はない。しかしその

重要な意義の1つは、子どもの人間形成の可能性をより多様で開かれた関係のなかに見出すことにあると言えるのではないだろうか。いつの時代・社会でも、関係なしの教育はありえない。いずれの時代・社会でも、教育はそれぞれ特徴的な関係のなかで営まれている。その関係を自明視することなく、なぜそうなっているのかを考え、別様の関係を想像してみることが大切である。

（2）読むべき自伝本はたくさんあるが、たとえば以下の本がおすすめである（並びは生年順）。主人公が学校や家庭や地域でさまざまな人や自然との関係をつむぎながら成長していく様子を見てとることができるだろう。

湯川秀樹（1960）『旅人——ある物理学者の回想』角川書店.

河合雅雄（2002）『少年動物誌』福音館書店.

北杜夫（1973）『どくとるマンボウ青春記』中央公論社.

手塚治虫（1997）『ぼくのマンガ人生』岩波書店.

黒柳徹子（1981）『窓ぎわのトットちゃん』講談社.

植村直己（2008）『青春を山に賭けて』文藝春秋.

■ 第4章 ■ ■ ■

オンライン授業の場合
・インターネットに接続し、講義のあと、拍手のマークをクリックした。
・授業後の課題を教員に提出した。
・遅刻や、途中退席しなければならない時、チャット機能を用いて、教員に遅刻や退席の理由を述べた上で、謝罪のメッセージを送った。
スマートフォンの場合
・かわいい絵文字を送る。
・ラインスタンプを購入し、送る。
・メッセージが相手から送られてきたら、なるべく早くメッセージを返す。

■ 第5章 ■ ■ ■

（1）単一の理想的な生き方を一方的に教え込むことさえ回避できれば、「道徳」を

教科として設置することそれ自体に大きな問題はない。ただし、道徳はその性質上、ほかの教科のように科学や学問の成果に基づいた正解をはっきりと示し、それに基づいて生徒の考えを評価したりすることが難しい。それゆえに教師は、特定の政治的教義や宗教的教義の教え込みに陥らないように常に注意を払い、みずからの実践を絶えず批判的に吟味する必要がある。

（2）家庭内でなされる教育は、児童虐待が行われている場合などの例外的な状況を除いて、原則国家や社会がその内容に干渉することは許容されない。したがって、両親がみずからの信じる宗教的教義に則って家庭内で教育を行うことは、両親の有する教育の自由の域を出るものではないだろう。だが、子どもが自律的に自身の信念を決めることが可能な年齢に達した際には、子どもにみずから自身の信じる教義や信条を決定する自由を保障するべきである。

■ 第6章 ■ ■

（1）教え上手な教師の特徴をその教師の性格や置かれている文脈から切り離して、ほかの教育場面でテクニックとして使うのは難しい。しかし、それぞれの特徴を回顧することで、どの教え方がどの場面に効果があるかのヒントとなったり、自分の教え方の強みと弱みを知るための1つの視野として機能したりする。たとえば、学習塾の先生が説明する時の話し方や質問を発信するタイミングがよかったら、それらを授業のメリハリをつけるためのポイントとして組み入れられる。

（2）退屈を感じている児童生徒を積極的に授業に参加させるために、たとえばつぎのような方法が考えられる。新しい単元を学ぶにあたり、まずはグループワークを計画し、学習塾に通っている児童生徒を違ったグループに割り当て、ほかのグループメンバーと一緒に関連する課題に取り組ませることで、通塾しているかいないかにかかわらず、その単元の理解をさらに深めさせる授業を展開することができるようになる。

■ 第7章 ■ ■

外国ルーツの子どもに着目すると、国籍やエスニックルーツにかかわらず公教育に受け入れられる（包摂）が、外国籍の子どもは義務教育の対象外である（排除）。イン

ターセクショナリティの観点からは、なかでも貧困に陥っている人や日本語ができない人が教育にアクセスしにくいことが指摘できる。日本国籍・日本ルーツの子どもは義務教育の対象であり、日本人であることを前提とした教育が保障されているという特権があると言える。

■ 第8章 ■ ■

　現在の特別支援教育の枠組みにおいては、こうした子どもと共に学ぶ実践を考えることはなかなか難しいだろう。あっても一時的交流を行うことくらいである。また共に学ぶことの正当化も困難である。しかし、社会モデルは、どのような人にも能力があることを前提として、周囲の環境を変えることで、その能力を引き出せると考える。日常生活についても、できないことは誰かが手伝えばそれで済むし、叫ぶことについては、周囲が反応しなければ問題がない。そうしたなかでさまざまな関係ができていくはずであり、授業のあり方自体が変わることもあるだろう。それこそが、差別的でない教育であるということになる。またケイパビリティアプローチは、「共に」学ぶことが、その子のケイパビリティを開花させるという前提のもとで、いかなるケイパビリティが開花するかを検討する。検討の結果、場合によっては分離教育が部分的に必要になることもあるだろう。さらに、こうした「共に」の試みにおいては、もはや教育とは言えないケアの実践がなされていくことになると考えられる。

■ 第9章 ■ ■

　（1）子ども自身が望まないのに強制させられる習い事。頭髪や服装などを細かく規定される校則。「小学生（中学生）だからできて（できなくて）当たり前」という認識をされること。「だまって先生に従っていればよい」という権威主義的な関係、など。本文で取り上げた体罰やいじめに限らず、有形・無形の「暴力」の具体例をあげてみよう。
　（2）「体罰」を加えてしまうかもしれない可能性、「正当」な教育行為が「暴力」となりうる可能性について配慮する。自分のなかの暴力的な衝動、教師－生徒関係は権力が非対称であり何気ない一言が生徒を深く傷つける可能性、教育は生徒からは「い

やだ」と表明しにくい権力関係であることを意識する。「自分は大丈夫」とは思わずに、教師は生徒に対する暴力の加害者となりやすい関係であることを反省しながら、丁寧に子どもたちと接する。

■ 第10章 ■ ■ ■

（1）教育の世界では人と物事とが取り結ぶ関係性があらかじめ決まっているものとしてとらえられているの対して、学び教える世界ではそれがあらかじめ決まっているものではないという前提にたっている。

（2）知識を獲得する場か多様な他者と関係性を築く場かという二元論で学校を考えることは適切ではない。知識が伝わることは同時に多様な関係性が作り出されることでもあるので、学校は知識を伝えることにおいて多様な他者（物事も含まれる）との関係性を築くことができる。

■ 第11章 ■ ■ ■

・Michelle Pieczura（2013）"The Power of Creative Drama in Social Studies," *Social Studies and the Young Learner* 25（3）, pp. 9-12.

・Michael Quarshie Kemeh（2015）"Using Solo Drama to Make the Teaching of Social Studies Engaging for Students," *Procedia: Social and Behavioral Sciences* 174, pp. 2245-2252.

・Etta Miller, Bill Vanderhoof, Henry J. Patterson & Luther B. Clegg（1989）"Integrating Drama into the Social Studies Class," *The Clearing House* Vol. 63, No. 1, pp. 26-28.

事 項 索 引

人 名 索 引

執筆者紹介 （執筆順）

藤川　信夫（ふじかわ　のぶお）編者、巻頭言、第 11 章

　　紹介は奥付参照。

國崎　大恩（くにさき　たいおん）（編者、序章、第 10 章、各部ワークショップ）

　　紹介は奥付参照。

松下　良平（まつした　りょうへい）第 1 章

　　武庫川女子大学教育学部教授

　　京都大学大学院教育学研究科博士後期課程学修認定退学　博士（教育学）

　　主著：『知ることの力──心情主義の道徳教育を超えて』勁草書房 2002 年、『道徳の伝達──モダンとポストモダンを超えて』日本図書センター 2004 年、『道徳教育はホントに道徳的か？──「生きづらさ」の背景を探る』日本図書センター 2011 年

弘田　陽介（ひろた　ようすけ）第 2 章

　　大阪公立大学文学部教授

　　京都大学大学院教育学研究科博士後期課程修了　博士（教育学）

　　主著：『近代の擬態／擬態の近代　カントというテクスト・身体・人間 』東京大学出版会 2007 年、『電車が好きな子はかしこくなる』交通新聞 2017 年、『いま、子育てどうする？　感染症・災害・AI 時代を親子で生き抜くヒント集 35』彩流社 2021 年（共著）

渡邊　隆信（わたなべ　たかのぶ）第 3 章

　　神戸大学国際人間科学部子ども教育学科教授

　　広島大学大学院教育学研究科博士課程後期単位取得退学　博士（教育学）

　　主著：『ドイツ自由学校共同体の研究──オーデンヴァルト校の日常生活史』風間書房 2016 年、『教育コミュニケーション論──「関わり」から教育を問い直す』北大路書房 2011 年（分担執筆）、『ドイツ　過去の克服と人間形成』昭和堂 2011 年（分担執筆）

高松　みどり（たかまつ　みどり）第 4 章

　　大阪教育大学初等教育部門准教授

　　大阪大学大学院人間科学研究科博士後期課程単位取得退学　哲学博士（Dr. Phil.）（ベルリン自由大学）

　　主著：『教室のドラマトゥルギー』北樹出版 2014 年、"The Dramaturgy in a Classroom," *Crosscultural and Interdisciplinary Research in Elementary Education*, 1, pp. 71-87, 2019.

柳田　和哉（やなぎだ　かずや）第5章

京都大学大学院教育学研究科博士後期課程

大阪大学大学院人間科学研究科博士前期課程修了　修士（人間科学）

主著：「Rebekka Horlacher, *The Educated Subject and the German Concept of Bildung: A Comparative Cultural History*」『共生学ジャーナル』第4号, pp. 218-224, 2020年

Kim Mawer（きむ　まわー）（第6章）

大阪大学人間科学部人間科学コース特任助教

大阪大学大学院人間科学研究科博士後期課程単位取得退学　博士（人間科学）

主著："Casting new light on shadow education: snapshots of juku variety," *Contemporary Japan*, 27（2）, pp. 131-148, 2016.

保道　晴奈（やすみち　はるな）（第7章）

大阪大学大学院人間科学研究科博士後期課程、日本学術振興会特別研究員（DC2）

大阪大学大学院人間科学研究科博士前期課程修了　修士（人間科学）

主著：「アラブ・オープン大学のトランスナショナルな制度的展開に関する一考察」『大阪大谷大学紀要』第53号, 127-139頁, 2019年（共著）、「日常的相互行為において差別とはいかなるものか——インターセクショナリティとマイクロアグレッションに着目したフレーム分析」社会文化学会第24回全国大会（オンライン）口頭発表 2021年

渋谷　亮（しぶや　りょう）第8章

龍谷大学文学部准教授

大阪大学大学院人間科学研究科博士後期課程単位取得退学　博士（人間科学）

主著：『発達障害の時代とラカン派精神分析——〈開かれ〉としての自閉をめぐって』晃洋書房 2017年（分担執筆）、『すき間の子ども、すき間の支援——一人ひとりの「語り」と経験の可視化』明石書店 2021年（分担執筆）

森岡　次郎（もりおか　じろう）第9章

大阪公立大学現代システム科学域教育福祉学類准教授

大阪大学大学院人間科学研究科博士後期課程修了　博士（人間科学）

主著：『教育福祉学への招待』せせらぎ出版 2012年（分担執筆）、『教育福祉学の挑戦』せせらぎ出版 2017年（分担執筆）、「『他者』に〈ふれる主体〉の生成——『奇跡の人』における『愛撫』に着目して」『教育哲学研究』第124号, 114-133頁, 2021年

編著者紹介

國崎　大恩

福井県立大学学術教養センター准教授，修士（人間科学）

小学校教員，大阪大学大学院人間科学研究科博士後期課程単位取得
退学，兵庫教育大学特命助教，神戸常盤大学准教授等を経て，現職

著書：『民主主義と教育の再創造——デューイ研究の未来へ』（勁草
　　　書房，分担執筆），『子どもの未来と教育を考えるⅡ』（北樹
　　　出版，分担執筆），『教育のイデア［改訂版］』（昭和堂，分担
　　　執筆），『学びを創る教育評価』（あいり出版，分担執筆），ほ
　　　か

藤川　信夫

大阪大学大学院人間科学研究科教授，博士（教育学）

広島大学大学院教育学研究科博士後期課程単位取得退学，広島大学
大学院教育学研究科講師を経て，現職

著書：『教育／福祉という舞台——動的ドラマトゥルギーの試み』
　　　大阪大学出版会，編著），『人生の調律師たち——動的ドラマ
　　　トゥルギーの展開』春風社，編著），ほか

実践につながる教育原理

2022年4月20日　初版第1刷発行

編著者　　國崎　大恩
　　　　　藤川　信夫

発行者　　木村　慎也

定価はカバーに表示　　印刷・製本　モリモト印刷

発行所　株式会社 北樹出版

〒153-0061　東京都目黒区中目黒1-2-6
URL：http://www.hokuju.jp
電話（03）3715-1525（代表）　FAX（03）5720-1488